# 陪爷爷度过最后七年

石勐尧 著/摄

中共党史出版社

图书在版编目（CIP）数据

陪爷爷度过最后七年 / 石勐尧著 . -- 北京 : 中共党史出版社 , 2019.1

ISBN 978-7-5098-4993-4

Ⅰ . ①陪… Ⅱ . ①石… Ⅲ . ①石勐尧－自传 ②摄影集－中国－现代 Ⅳ . ① K825.7 ② J421.8

中国版本图书馆 CIP 数据核字 (2018) 第 276885 号

出版发行：中共党史出版社
责任编辑：吴江
复　　审：姚建萍
终　　审：汪晓军
责任校对：龚秀华
责任印制：谷智宇
责任监制：贺冬英
社　　址：北京市海淀区芙蓉里南街 6 号院 1 号楼
邮　　编：100080
网　　址：www.dscbs.com
经　　销：新华书店
印　　刷：北京雅昌艺术印刷有限公司
开　　本：148mm × 210mm　1/32
字　　数：100 千字
印　　张：6
印　　数：1-10060 册
版　　次：2019 年 1 月第 1 版
印　　次：2019 年 1 月第 1 次印刷

ISBN 978-7-5098-4993-4
定　　价：32.00 元

---

此书如有印制质量问题，请与中共党史出版社出版业务部联系
电话：010-82517197

# 序

早些年就认识石勐尧，尽管我们是战友，同在原沈阳军区政治部工作，但交往并不深。她是文工团的舞蹈演员，我是摄影师，只是在战区八一剧场、边防哨所、演兵场上，还有在俄罗斯车里雅宾斯克 中俄联合军事演习的野营村演出舞台上，时常有她优美的舞姿定格在我相机的胶片上。在我眼里，石勐尧是一个懂事的、军事训练有素的女孩子。

九年前，石勐尧用相机随心而舞，拍摄舞蹈演员肢体的力量，讲述身边故事，在军营里流传，引起了我的关注。

石勐尧每次来军影图像社冲洗照片，都留出时间到我工作室聊摄影。她说：“奶奶去世了，我要用胶片像写日记一样拍爷爷，我在宿舍建了小暗房自己冲胶卷……”话语间让我感受到她对亲人的深厚感情。在数码时代，还固执地坚持用传统胶片拍摄，照相机成了她留住记忆的依赖和表达对爷爷那份感情的伙伴。

2017年冬月，石勐尧带着记录了陪伴爷爷度过最后七年的一摞厚厚的胶片告诉我：“爷爷走了”，说话时满眼泪珠。我惊奇地发现这是一组当下难得的影像，每一幅画面都让我感受到她视觉艺术的天赋。一名舞蹈演员把肢体语言转化为摄影语言，用摄影日记的形式表达情感，特别是她身在其中采用自拍的方法，创造性地营造画面。这让我隐约想起美国当代顶尖摄影艺术家辛迪·舍曼直面镜头，以自拍照塑造演绎西方社会不同年代典型女性形象的那些经典之作。

石勐尧是爷爷、奶奶带大的孩子，在我为她纯粹情怀和生命态度感动的同时，更让我想到日益步入老龄社会的中国。独生子女这一代人，大多数孩子都是爷爷、奶奶、姥姥、姥爷隔辈人带大的，这一代孩子和老人的那份感情表达，我还很少看到有题材涉及。石勐尧的这些影像和故事，引发了一种回忆和关注。

我真的为石勐尧的爷爷有这样的好孙女感到骄傲和自豪，更渴望天下所有人都拥有这样一份亲情。

祝福石勐尧与艺术相伴，拥有更美好的生命故事。

中国摄影家协会副主席

辽宁省摄影家协会主席

王戈

2018.11

# 目录

# 前面的话

从2010年开始，直到爷爷去世，大约七年的时间里，我用镜头留下了爷爷和我在日常生活中的琐碎点滴，一共拍了1000多张照片。这些照片，记录了爷爷最后七年的衰老、病痛和孤单，也记录了亲人相互陪伴的温暖和爱。

现在我再翻看这些照片，那静止的画面中，那瞬间的表情里，总能唤起无限的回忆，有时看得笑意浅浅，有时不觉泪光莹莹。七年的陪伴和记录，算是最好的人生告别吧。

我是爷爷、奶奶带大的孩子，奶奶病逝后，看着爷爷一天天变老，我知道，有一天，他也会离我而去。想到这些我就拍照片，拍下所有不想忘记的和深深眷恋的感情。照片对我来说就是日记，每次翻看它们，我就可以再次回到亲人的身边。七年来，是相机和胶片帮助我保留了爷爷和我最珍贵的回忆，也填补了爷爷离开后的空白。

我把它们编织成怀念的篇章，用照片讲述爷爷和我的故事。

我们这一代年轻人，习惯了一路向前狂奔，寻找属于自己的世界和幸福。我想我们在奔走前行的途中，也要记得回头看看身后渐渐老去的亲人，毕竟时光不等人。我们虽然无法打败岁月，但可以用爱和陪伴，扶持着他们走到岁月的终点。

# 一

# 爷爷走了之后

## 1. 走出悲伤

爷爷走后，那些封存在记忆中的、他对我点滴照顾的细小瞬间，铺天盖地席卷而来，以致于他走了一段日子之后，我还是不敢相信他已经离开的事实。我总是幻想着他还在家里抽着烟，看着电视，等着我回家的样子。

很想念他的时候，会去家周围看一看。在离家不远的路旁，看着爷爷家窗户的方向，看着我们曾经拍过照片的小广场。那里人来人往，孩子们在广场上跑着，老人们坐着晒太阳，只是，人群中那个穿着衬衫马甲，戴着前进帽冲我挥手微笑的小老头，再也没有了……

爷爷走后，我把相机、三脚架还有爷爷的东西，全都封存起来。我不想再拍照片了，感觉那些曾经带给我美好和感动的事情，现在变得如此伤人。

不过，我虽然会伤心流泪，但想起我曾陪伴过、照顾过爷爷的那些日子，内心里会升起许多安慰。这种安慰，是在我真的去做了之后，才会拥有到的。我们留下了那么多美好而珍贵的记忆，我的遗憾少了，内心的释然是可以感受到的。我想说，有些事情，做过和没做过，感受还是不一样的。在家里的老人都还在的时候，应该好好地陪伴他们，做些力所能及的事，不要让我们在事后再留下太多的遗憾和追悔。

半年后，悲伤的心情减轻了一些，我终于鼓起勇气，开始整理这七年来和爷爷所有拍摄过的照片。

我曾经答应过爷爷，做一本属于我们两个人的相册，把曾经拍过的照片打印出来，做成一本影集。我一直以为我们还有好多时间在一起，还会拍下好多美好的照片。爷爷去世的突然，我没能兑现这个承诺。

老人还在的时候，我们总以为离别的日子还长着呢，我们也习惯了他们在身旁的日子，可真有一天，他们就那么突然地走了，没给你任何准备的时间。

我去了常年冲洗扫描胶卷的地方——沈阳军影图像社，线云强社长是知名的摄影家，在摄影方面给过我很多指导。有半年多时间我都没来图片社，这次线社长看了这七年来我和爷爷拍摄的照片，感动不已。他说，你和爷爷的这些照片很感人，这种隔辈人的亲情里有着浓浓的爱，是现在社会里缺少的东西，你应该把它们拿出来和大家分享，可以去办个展览，或者参加摄影比赛。

我从来没敢这样想过，在我心里，这些照片只是拍给自己和爷爷留念的，这种日常影像，会有人关注吗？线社长给了我很大的鼓励，我参加了2017年夏天辽宁省摄影家协会举

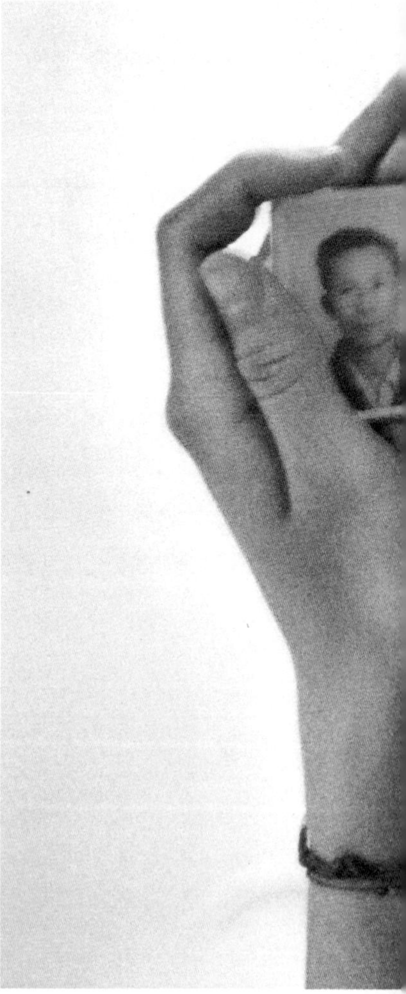

办的辽宁青年十佳摄影师比赛。没想到，我第一次鼓起勇气投稿，就入围并获了奖。

获奖作品在辽宁展览馆里展出，那是我人生中第一次将自己拍摄的照片打印出一米那么大呈现出来。当我驻留在自己的照片墙前，这种感觉是没法用言语表达的。我不敢相信，那就是我的小傻瓜相机拍摄出来的；更不敢相信，一个业余摄影爱好者的作品

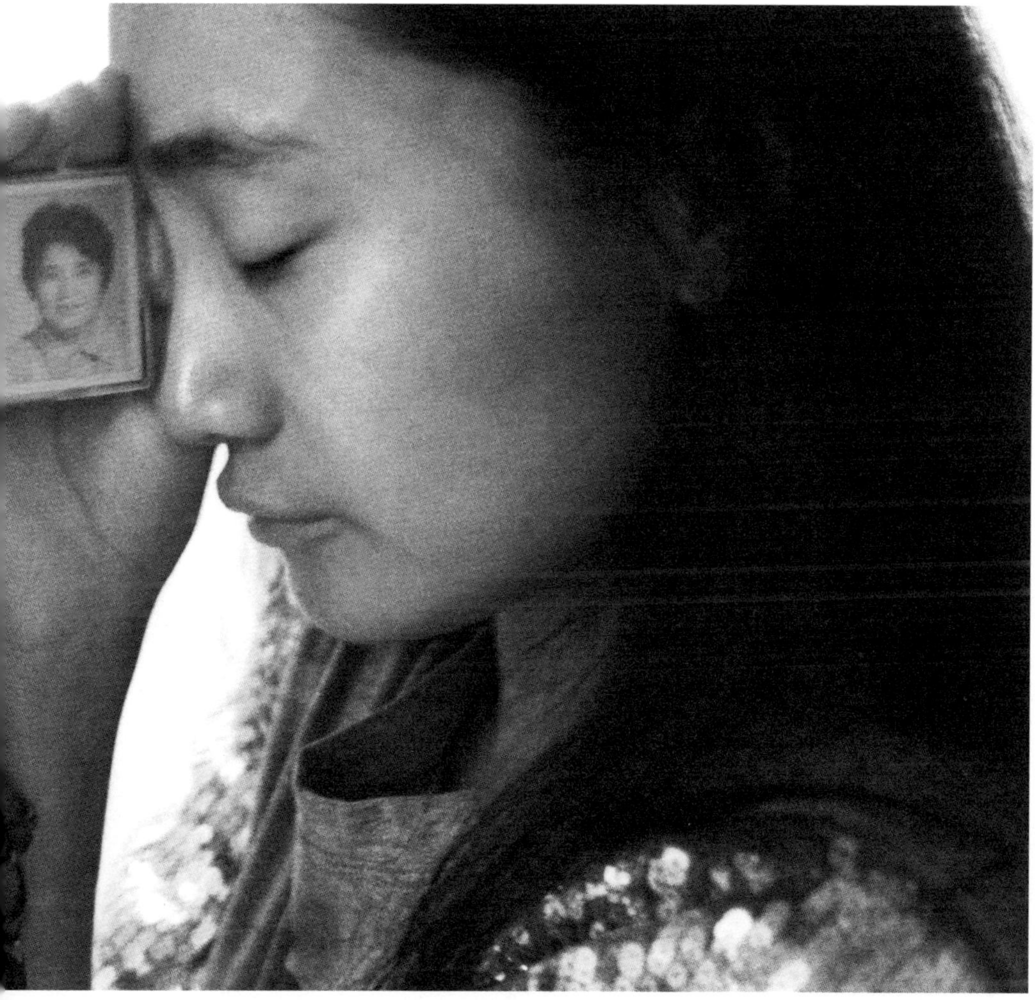

竟然办了展览。

记得在展览的第一天，现场来了很多人，除了家人和战友，更多是不认识的。大家在我和我爷爷的照片前驻足，很多人看了一遍又一遍，久久不愿离去。一位老奶奶在家人陪伴下，一张一张地看完了所有照片，对家人说，我们再看一遍吧。

还有的人在这些照片前流下了眼泪。现场有一位40多岁的阿姨，看过照片后一直躲在角落里哭。我走过去安慰她，她哭得更激动了，眼泪止不住地往下流。她对我说："谢谢你啊，谢谢你的这些照片，让我想起了已经去世很久的父亲。他还在世的时候，我就是这样一点一点照顾他的，他最后生病住进医院，我也是这样一直陪在他身边的，可我从来没想过为他拍几张照片留下来。这么多年过去了，我都快忘了他在我身边的那些日子了。今天看见了你的照片，又让我想起了陪着我父亲的时候……"

还有一位阿姨展览过后对我说：我们看过很多像你一般年龄的女孩儿，更多想着自己怎么美，怎么吃，怎么玩，想着该如何感恩父母的少，更何况是家里的老人了。你能有这样一份对爷爷的孝心，也是给年轻人做了个榜样。回家后阿姨会把你的故事告诉给女儿，让她向你学习。

我从来都没想过，自己的照片会有这样的一种力量。很多人说，我做了一件了不起的事情，我没有这样觉得过。我相信，现实中有好多比我做得更好的年轻人，他们在尽自己最大的努力照顾着家人、老人。我只是比他们多了一个爱拍照片和记录生活的习惯而已。

之后，我的作品入围了TOP20中国当代摄影新锐展，我受邀去浙江美术馆参加了颁奖仪式和展览。这是一个全国范围内选拔的

20位年轻摄影师的作品展，和我一起入围的，都是全国优秀的年轻摄影师，他们有的在国外专门学习摄影，有的是高校摄影系的高才生，这让从没有系统学习过摄影的我，感觉仿佛一只丑小鸭站在一群白天鹅中间，心里有些惶恐。展览当天，我看到了很多人在我的照片墙前观看、落泪，还有一些专家给予我鼓励和认可。摄影家曾翰对我说："我看见了你在影像中的直觉和潜力，被你照片中的生命力打动了。希望你把这次入选作为一个新的起点，好好坚持拍下去。"这让惶恐的我多了一些信心和勇气。

展览现场有一位1994年出生的男孩儿，戴着一副木框眼镜，看着我和爷爷的照片，一直抽泣着。他很羞涩地走到我身边，和我说了很多话。他告诉我，因为父母离异，他也是爷爷奶奶带大的，他的爷爷和奶奶几年前都去世了，他接受不了这个现实。"姐姐，他们是不是真的离开了？"我告诉他："你的心里还想着他们，他们就不会离开，就算他们已经走了，他们的爱还是会一直延续着、守护着我们。"两个原本没有任何交集的人，因为这些照片，忽然间就拉近了内心的距离。影像真的是有某种神奇的力量，它能唤起人们内心真挚的情感。

这些照片仿佛一面镜子，你是怎样的人，有着怎样的情感和经历，就会从照片中看见怎样的情感和温度。人们会在照片中遇见自己。

我觉得这一切，仿佛是爷爷在指引着我，每一个人对我说的话，都好像是爷爷想对我说的，他一定是不想我再悲伤难过下去，而是要我勇敢地站起来。

① 科隆展览现场

② 受蜂鸟网邀请，我和爷爷的照片在德国科隆《中国面孔》Ⅱ展览展出，我的照片作为此次展览的海报向世界展出

③ 辽宁展览馆里凝神观看的青年人

④ 2017年8月，我和爷爷的照片在辽宁展览馆展出现场

⑤ 2017年10月，我和爷爷的照片入选top20 2017中国当代摄影新锐展，浙江美术馆展览现场

Shi Mengyao

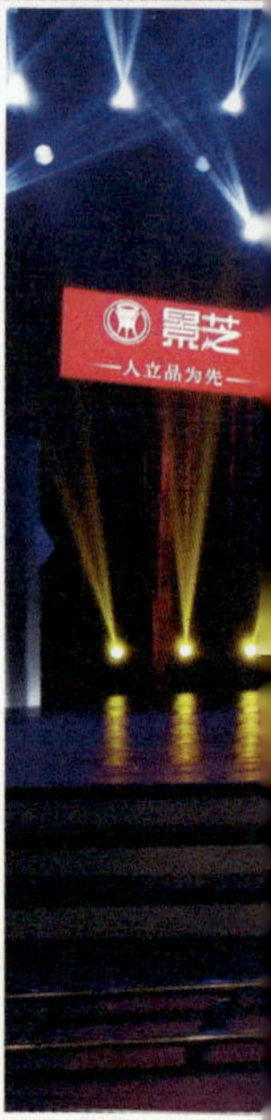

中国摄影报

我和爷爷

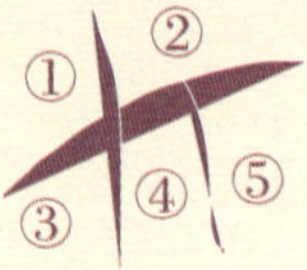


① 站在top20 2017中国当代摄影新锐展领奖台

② 2018年参加山东卫视《一张照片》节目录制现场

③ 《中国摄影报》的头版报道

④ 2018年参加辽宁卫视的百姓春晚

⑤ 2017年12月央视新闻频道的报道

CCTV 13
新 闻
CCTV.com
朝闻天下
MORNING NEWS
辽 宁
12月19日
星期二
200多张合影 记录爷爷的最后7年
08:46

## 2. 是不是“网红”

这两个摄影展后，我和爷爷的这组照片，被上海的自媒体《一条》视频发现了，采访视频播出后，在网络上引起了各大媒体的关注，登上了新华社和腾讯新闻的头条，还上了央视新闻。

2018年9月，我的照片还受到蜂鸟网的邀请，在德国科隆世界影像博览会photokina 中国面孔Ⅱ上展出，我的照片被选为此次影展的海报。

我自己都觉得不可思议，我和爷爷这样平凡的故事，竟然能在中央电视台，还是爷爷每天必看的新闻栏目中播出。竟然还走上了世界的舞台，作为中国人的故事向世界展现。

一夜之间，我成了所谓的“网红”。我看到也有人质疑我是在炒作，是以爷爷为“道具”的摆拍，所做的一切只是想红。对这些我不想多回应什么。这些照片感动了一些人，我觉得是我把爷爷对我的爱和我对爷爷的爱，都放进照片里了。如果摄影的人带着急功近利的心，带着刻意造作的心，在不纯净的心态下去完成作品，是很难感动到人的。对我自己来说，但求内心的平静，其他的也不必去多想了。

我拍这些照片的初心，是为了留住我和爷爷生活中的点点滴滴，是为了不忘记，不忘记本来就在我们身边却又容易流逝的爱。这些照片和照片背后的故事，如果感动了一些人，那是因为他们内心里本来就有爱，照片也只是一种媒介，感动了他们的心。如果这些照片能让一些年轻人更多地关爱家里的长辈和老人，我想就是它们最大的意义了。

那就看着照片，讲讲爷爷和我的平凡故事吧。

# 二

# 和爷爷的深厚感情

## 1.爷爷奶奶带我长大

我是1989年出生的，算是抓住了80后的小尾巴。我出生在辽宁省抚顺市新抚区，就在老人民电影院的身后，是听着电影的声音长大的。

我是单亲家庭的孩子，爸爸和妈妈在我四岁的时候离婚了。妈妈那时候什么都没要，只带走了我。小时候的记忆里好多事都变模糊了，只记得妈妈一个人带着我生活，日子过得很拮据，靠着妈妈为数不多的工资维持生活。妈妈那时候为了给我买小零食，会特意跑到小食品商城去批发一些手指饼干、大虾酥、无花果之类的，都没有很贵的。记忆很深的一次，在火车站，我看见别的小孩儿在吃罐装的八宝粥，觉得很稀奇，也吵着要，妈妈当时买不起，只能抱起我走了，我就一直哭一直哭。现在想想，小时候真的是不懂事……

妈妈带着我生活不久，奶奶和爸爸打听到我所在的托儿所，把我接走了。后来知道是爷爷奶奶太想我了，想把我接回去和他们一起生活。妈妈虽然伤心，但想着我终归是老石家的孩子，就同意了。从那以后，我就一直跟在爷爷和奶奶身边。爸爸那时候忙于生计，很少回家，我童年的记忆里也就很少有他的出现。

童年记忆里总出现的是老家厨房的小窗，透过窗子进来的光线，把两平米不到的厨房照得明亮、温暖。奶奶常在那儿做饭，爷爷也会在那儿给我洗脸。爷爷那双充满烟味儿的手，我一直深深依赖。

我天生敏感，性格又内向。也可能是爸爸妈妈离婚的原因，好像总能感受到周围人对我的议论，这对我的影响很大，总觉得比别的孩子少了些什么，缺少自信，慢慢的就变得更胆小和沉默少言了。大概也正因为这样的性格，我对待感情会更加的依赖和珍惜。

小时候我和奶奶的感情最好，也最粘她。爷爷那时候还没退休，没有更多时间带我。是奶奶送我去家附近的社区舞蹈班的。开始是舞蹈班的老师来到我所在的西十路小学招生，她看见我，觉得是块跳舞蹈的苗子，就让我回去问问家长愿不愿让我去报名。我把老师的话告诉了奶奶，她一听很高兴。我天生瘦小，不爱吃饭，奶奶和爷爷也想着让我通过跳舞锻炼锻炼身体。

那时候，奶奶的手特别巧，常为舞蹈班手工做些道具和演出服，日子久了，老师也就不好意思收我的学费了，还常常给我上小课。老师很喜欢我，说我胳膊长、腿长、舞蹈感觉好，是天生搞舞蹈的苗子。奶奶听见老师夸奖我，总是戴着她做手工活时的小方眼镜，心满意足地笑。

奶奶很节俭，生活上的开销能省则省。那时候，我是整个舞蹈班里唯一一个

妈妈抱着一岁多的我。

# WITH GRANDPA

爷爷那双充满烟味儿的手，
我一直深深依赖

没有体操服穿的学员。当时一件跳舞用的体操服要40多块钱，够家里半个月的开销了。奶奶当时觉得贵，没舍得买，就用我更小时候穿的一件黄色的游泳衣替代。我穿着它，在穿着统一天蓝色体操服的小学员当中，显得那么格格不入，就像安徒生童话里的那只丑小鸭。后来奶奶终于给我买了那件梦寐以求的天蓝色体操服，我兴奋地抱着它睡了好几天。

奶奶的生活节奏很慢，什么事情总要大半天才能做完，所以我的饮食起居和生活上的种种琐事，大部分是由爷爷来照顾的。

我的这个名字——石勐尧，就是爷爷给取的，据说爷爷翻了好几天字典才定下来。我小时候对自己的名字表示很有顾虑，还查了《新华字典》，才知道“勐”字应该念三声，谐音为“猛”，是少数民族的字，意思是勇敢。家人为了好念慢慢就把“勐”叫成四声了。可我还是纠结，名字嘛，该念几声就是几声，可是念三声又不好听，一个女孩子，好像挺“猛”的样子。我还几次和爷爷说，我这个名字不好听！想换了！爷爷就告诉我说：“念四声，一个孟子的孟，旁边加个力量的力，你就想着，这是再给你加点力量。”

爷爷的名字叫石连启，是从大山里走出来的，他的老家在铁岭的农村。那时候交通不便，从铁岭到抚顺的路费也很贵。爷爷为了省钱，从白天一直走到了晚上，鞋子都磨破了，才走到抚顺，报考了抚顺石油学院。他凭着自己的努力，毕业后当上了中学老师，此后一直都从事教育工作。爷爷教过数学、地理、政治课，担任过教导处主任，后来还当上了校长。爷爷是一个自律性很强的人了，他摆放东西整整齐齐，穿衣戴帽整洁得体，上班时间永远准时。每天天不亮，他就骑着自行车出了门，单位离家很远，骑车要将近一个小时才能到。

后来爷爷退休了，就全职在家照顾我。我那时候简直就是爷爷的“跟屁虫”，他走到哪我跟到哪。

每天早晨都是爷爷负责叫我起床，用他独有的唱国歌的方式，把我从梦中唱醒。“起来！不愿做奴隶的人们……”这么有正能量的喊起床方式，全天下可能只有我爷爷会想出来吧。叫醒后，我迷迷糊糊地被拉去洗脸。爷爷总是用他那双充满烟味的手给我洗脸，边洗边告诉我：“打上点胰子（肥皂），顺时针用凉水洗几下，这小脸儿皮肤就老好了。”爷爷做的早饭很丰富，时不时还有些自创的“稀罕菜”。我小时候吃饭特别费劲，挑食，特别不喜欢吃肉，瘦得皮包骨的，谁见着我都会说：“这孩子是营养不良吧，瘦得怪可怜的。”所以在我吃饭这件事上，也让爷爷费尽了心思，他总是隔三岔五地就“发明”一道与众不同的菜，好哄我多吃点肉。

“要多吃些肉，你勐哲姐姐前天吃了个鸡翅膀就飞到山上去了，叫都叫不回来呢!”爷爷的话我就当真了，以为只要我也吃了鸡翅膀，就会像姐姐一样会长出会飞的翅膀……

在等饭做好的时候，奶奶会为我梳头发，用她手工缠出的彩色小皮套给我扎成一个接一个的辫子，那是奶奶为我搭配出来的造型。

吃完早饭，爷爷送我去上学前班。小时候我就喜欢低着头走路，从来不看前面，总是爷爷的手拉着我。我抬起头，第一眼就能看见爷爷的手在眼前，就觉得很安稳也很有安全感。记得有两次，我因为总低着头走路，还在上学路上捡到过金戒指呢，可把爷爷和奶奶乐坏了，说我走路都能捡到宝。后来经过鉴定，发现那戒指不是真金的。爷爷为了我以后的安全着想，硬是把我走路不看道的毛病给扳过来了。

许多年后，在一次妈妈家的家庭聚会上，姥爷回忆说，我刚被爷爷奶奶接走后不久，一天早晨，他坐公交车去上班，车开过路口时，正看见爷爷送我上学。姥爷说："你爷爷当时的神情很专注，对着马路上来往的车辆左顾右盼的，你就一直低着头跟在你爷爷身边。我当时看见你们爷孙俩，心里不好受，本应该是你爸妈每天送你上下学的，现在反而身边站着的是爷爷。"

爷爷很不容易。在他抚养了我爸爸他们这一代的儿女之后，又担负起了抚养和教育我的责任。他在照顾我的时候,已经过了壮盛之年，要比年轻的父母付出加倍的精力和耐心。他本来没有这个责任和义务抚养我的，可爷爷日日夜夜、倾尽全力地把我拉扯大。

我有很深印象的是，那时候爷爷陪着我去公园里玩"疯狂米老鼠"。我看别的小孩儿玩得高兴，自己也想坐，可是胆子又小，不敢一个人上去。爷爷就把我抱在怀里，抱着我一起坐完。现在想爷爷那时候也是60多岁的人了，还陪着我玩这么刺激性的游戏，为了让孙女高兴也真是"拼"。

上完学前班我就上小学了。爷爷锻炼我自己记路，熟悉从家到学校的路线。在爷爷的反复带领下，到一年级下半学期，我可以自己一个人上下学了。不过我还是害怕冬天放学后一个人走回家，总感觉天又黑又冷，路上又总会想起同学们在白天讲的鬼故事，就好像是为我量身定制的一样——我家住三楼，他们把故事里主人公的家也安排在三楼，吓得我不敢一个人走老房子那漆黑的楼道。每次我总要跑到家的窗户下面，大声喊爷爷，让他下楼接我。甚至有时候还会去小卖部找公用电话，打电话让奶奶告诉爷爷下楼接我。

晚上睡觉，我睡在爷爷和奶奶中间，有时选择跟爷爷一个被窝，有时选择和奶奶一个被窝，每天都不同地来回窜，反正这事我说的算。冬天天气冷，东北的暖气也不够暖和，爷爷会早早灌上一个热水瓶，就是医院打点滴的那种玻璃吊瓶，灌上开水，外面再用毛巾包好，放进被窝里，为我暖好床。临睡前的那一小段时间，是我们三口人最幸福的时候。爷爷奶奶会给我讲故事，我也会听他俩聊些家常。那时候我还总尿床，常常半夜把他俩冲醒。他们给我挪

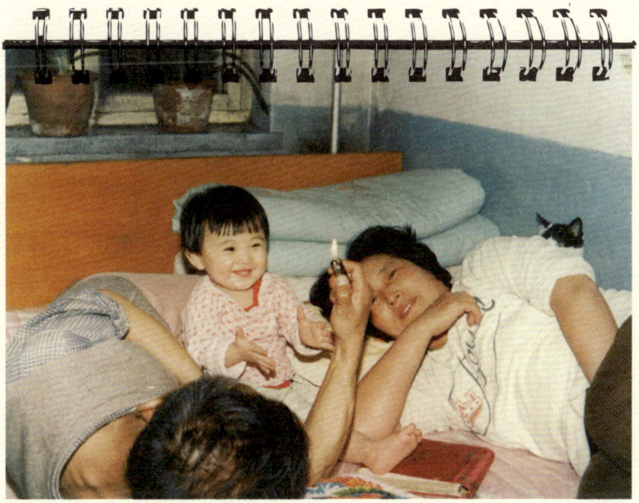

● 爷爷、奶奶和小时候的我，在老房子里，性格古怪的大咪就藏在奶奶身后。每天睡前的一小段时间，我就在这张不大的床上，为爷爷、奶奶表演节目。这张照片是妈妈为我们拍下的。

一个干净的地方，让我继续睡。有时候，爷爷直接把我抱在他的床位上，他自己躺在还湿的地方睡。第二天一早醒来，我看见褥子上摊摊圈圈的，知道自己这是又尿床了。

那时候家里养了一只猫，性格古怪。我和它打过一架，被它挠得不轻，哭着和爷爷奶奶告状。这猫谁都不服，连爷爷都挠，唯独和奶奶最好，奶奶说什么它都听。后来我和奶奶说："奶奶，我喜欢大咪，想和它做朋友。"奶奶就摸着大咪的头告诉它："勐尧是奶奶最爱的小孙女，你以后不要欺负她。"神奇的是，这只猫从那以

后就和我好了，我怎么抱它都行了，它也不挠我了。

上小学的时候，我还特别喜欢钢琴。老家房子的二楼，住着一个小姐姐，每天她都会开着门练习钢琴。我给爷爷下楼换啤酒的时候，总能看见她坐在钢琴前，像个公主一样弹琴的模样，有时候还能看见她爸爸或者妈妈陪着她一起练琴，心里很羡慕。回家之后我告诉了爷爷奶奶，我也很想学钢琴。那时候一架钢琴要几千块钱，对于买一件40块钱的体操服都要思量一番的家庭来说，钢琴就是一个遥不可及的梦。后来，钢琴的事情也就慢慢放下了。爷爷还托过他曾任职的西露天矿中学的音乐老师，带我去过他们学校，去见识那里的旧式老钢琴——要用脚不断踩着下面的风箱才能发出声音的那种。我那时候身高不够，踩不到，但能摸到真实钢琴的触感，也让我那颗小小的内心得到了满足。

后来，在奶奶都已经去世、爷爷也开始慢慢变老的后期，爷爷背着我，给我存了两万块钱，在我23岁生日的时候，要我用这笔钱去选一架钢琴，作为他送给我的生日礼物。爷爷说："你小时候最想要一架钢琴了，那时候我和你奶奶买不起，也觉得是一种遗憾吧，现在爷爷送给你，到什么时候，你也别卖了它，就当是爷爷留给你的念想吧。"那个钢琴梦早就已经被我遗忘了，爷爷却一直帮我记得。

我觉得在这个世界上有一种爱最伟大，就是长辈对于晚辈的爱。他们付出的时候不做任何声响，也不奢求任何回报，只是静静地燃烧自己，默默地付出一生。我想爷爷对我的爱就是这样的。

小时候我也特别喜欢唱歌，爷爷奶奶有空闲的时候，就让我给他们唱几首歌或是表演一段舞蹈。家里那张不大的床，就是我的舞台。我有时候还要扮上，披一个枕巾，围上一个床单，又唱又跳。爷爷奶奶就是我最忠实的观众，鼓掌、叫好……人的记忆真的是由一帧帧的影像组合成的，就像一张张照片，会定格那些已经逝去的时光。如今，每当我想起他们二老给我当观众时那慈祥的笑脸，眼泪总是会止不住地落下来。

奶奶在我11岁的时候得癌症去世了。我好像什么都没来得及为她做，她就永远离开了我。对于奶奶，我留下了太多太多的遗憾。

## 2.人生转折

奶奶去世后的一年里，我的人生迎来了第一个转折。2001年，沈阳军区政治部前进歌舞团来抚顺招收舞蹈学员。部队文工团八年才有的一次招生，多难得呀。条件是只要1988年和1989年出生的会跳舞的孩子。那年我12岁，学习舞蹈整整3年了。后来想想，觉得这一切都是奶奶特意为我安排好的。

我考上部队没多久，老家的房子就拆了，从此也没有人民电影院了。我的童年在奶奶离开后也一起结束了。

奶奶走后，爷爷始终坚持一个人生活。不管爸爸和姑姑怎么劝说想把他接去同住,爷爷就是不答应。他说年龄大了，和年轻人一起生活不习惯。其实我们都知道，他是怕成为儿女的负担。好在爷爷虽然瘦，但很硬朗，身体从来也没出现过什么大的问题。爷爷总说：“我自己的事情，自己能做。”我们知道爷爷的脾气，只要他决

YUNTENG

定的事，谁劝也不好使。

奶奶病逝后，家也搬了一次又一次。我始终跟着爷爷生活，即使是在部队每周末可以回家的两天，也是在爷爷家过。我那时还小，对待生老病死，并没有太多的感知，只知道奶奶从我们的生活中消失了。爷爷显得很平静，还是过着平常的日子。有时我会问他和奶奶年轻时的事情，他也只是零星说上几句，并不多讲，但是在

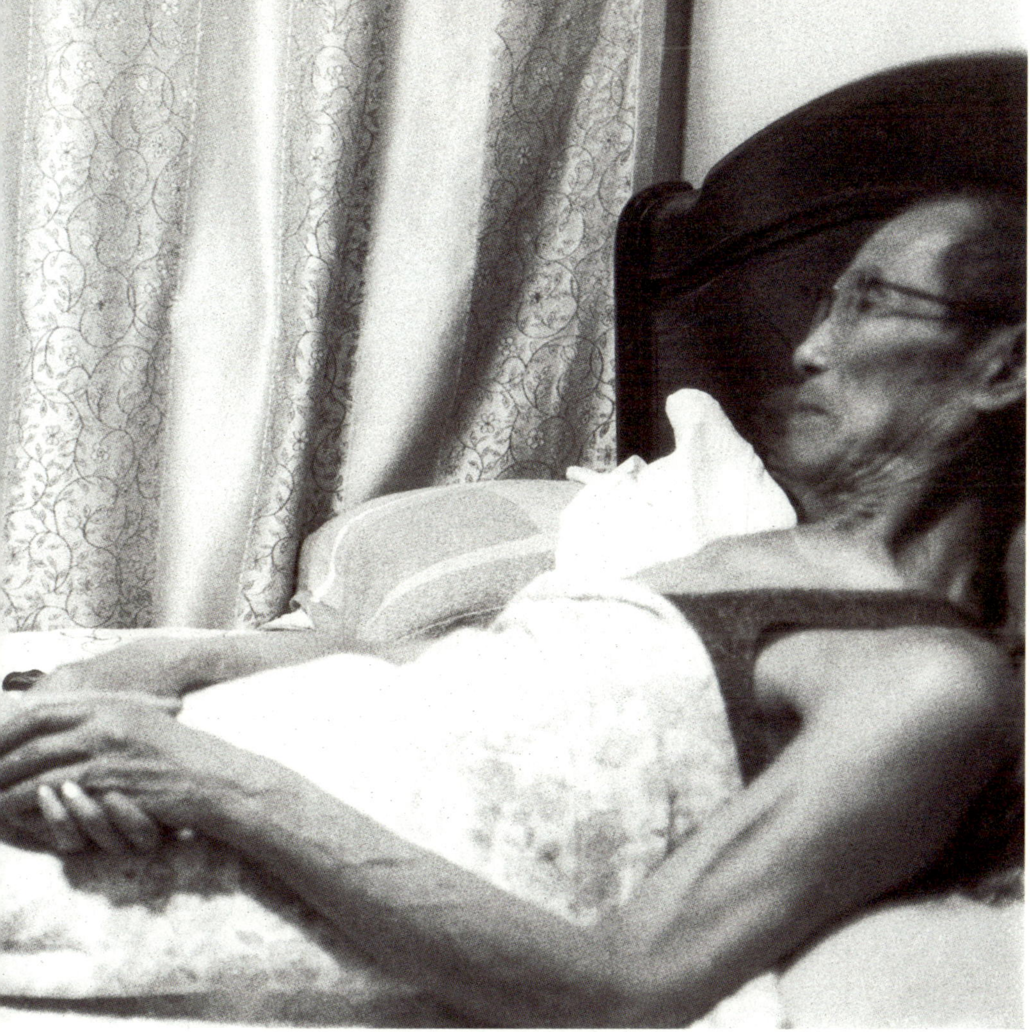

他的眼睛里会忽然多出几分落寞和思念。记得有一段时间姑姑说她找不到奶奶的遗像了，问爷爷照片放在哪里了。爷爷说他自己也忘记了。后来我们搬家的时候，姑姑在爷爷的床头边找到了照片，原来奶奶的照片一直被爷爷藏在了一个离他最近的地方……

为了消磨时光，爷爷爱好上了打麻将，多数是和邻居玩。开始是人家为了凑人成局找到他，后来爷爷打麻将上了瘾，也变成组织牌局的人了，慢慢的邻居都来我家里玩了。

开始家人对这件事是有些反对的。爷爷玩的钱数还不算小，常常是一块两块的起步，五块十块的也敢玩，一个月的工资很快见光。他自己平时生活很节俭，也不舍得吃啥喝啥买啥的。因为麻将常常要打上一整天，中午饭有时也省去了。邻居们说："这老石头儿打麻将敢玩，乐呵呵的还总输。"这事在家附近的小区也传出了名，好多比爷爷年轻的人积极地来我家里，要和我爷爷打麻将，原因很简单，就是想赢老石头儿的钱。姑姑听说后特别生气，跑来爷爷家里，把麻将局硬生生地给拆散了好几次。爷爷那时候特别闹心，和姑姑说他就这么点爱好，家里也不支持。后来，在姑姑的反复劝说下，爷爷决定不玩了，可没过多久，麻将瘾又犯了。他和姑姑反复保证，再也不会玩那么大的了，姑姑也就不再干涉了。现在想想，大概是爷爷适应不了奶奶走后的生活，用打麻将占据大段大段空白的时间吧。

## 3.最困难委屈的时候，总有爷爷的开导和鼓励

之后我就住在了部队里，过上了集体生活。部队管理很严格，一年到头除了节假日，能回家的机会很少。但是只要我一有假期，就马上回到爷爷家里向他汇报我在部队的思想状态和学习生活

扒眼儿

中的趣事。记得我第一次看见爷爷哭，就是在我到部队报到后。部队不打任何招呼，把没有任何准备的我们带走了，进行为期一个月的军训。一个月呀，我哪里离开过爷爷那么久。12岁的我每天都想家，每天都哭好几次。面对陌生的环境、陌生的人，感到恐慌不安，度日如年。当我再回到家里时，爷爷一面哭一面对我说：“我的小勐尧回来了！小勐尧回来了！”我们爷孙俩哭着抱成一团。爷爷特意为我准备了一大桌子饭菜，说要给我补充营养。

当我正式成为了一名光荣的解放军战士时，家人都以我为骄傲，特别是爷爷，他说家里从来没有出过一位解放军，这么大的喜事，让他感到自豪。

在文工团的日子，每天的学习生活都很紧张。12岁的我要完全独立地生活，自己动手洗床单、被罩、毛衣、棉裤，还要和来自全国各地的小战友们共同学习生活。每天早晨5点半就要集体出门跑操，不管是春夏秋冬，风雨无阻。接下来，基训、技巧、民间舞、身韵……再加上各种各样的文化课，整整排满一天。那时候每天的训练很艰苦，为了能完成各种高难度的训练动作，我们常常练得浑身是伤。我的腰部、腿部、膝盖、脚骨，都有因为训练过猛而留下的伤病。

我要强，希望是班里专业成绩优秀的，常常会更早地起，给自己上早功。刚开始时，常常会因为自己偷偷跑去练功，受到其他小战友的排挤，加上我的性格内向，不太会和其他同学打成一片。那

小时候在部队的
舞蹈视频资料

时候心里总是感到委屈，常常会在夜里熄灯后躲着人哭，也很想家，特别想念爷爷。我除了节假日都不能回家，但和爷爷之间的沟通交流一直都没有间断过。

那时团里允许我们每周给家里打一次电话，通话时间不超过两分钟，也会在每个月的最后一个星期日的下午安排家长来看望。那时候只要月末快要到了，我们的心就都慌慌了。当时的我们正值青春期，容易发胖，所以专业课老师严格管控吃东西这件事，尽量少让我们吃甜食、零食。每到月末，家长们会带来各种各样的巧克力、饼干、膨化小食品和水果等等，有的家长还会在家里做好些主食，给孩子好好解解这一个月的馋。每到月末，寝室的走廊里就会飘散着各种美食的香味。不过那时候对我来说，就很痛苦了。因为妈妈和姑姑对我的管理很严格，怕我发胖，大多数时候是不允许我在月末开“小灶”的。看着其他小战友吃着好吃的，自己很伤心也很失望，虽然嘴上不说什么，但还是会委屈地哭。爷爷在这个时候就最能读懂我的心思，他常常会趁着妈妈和姑姑不注意，下楼

好想回到小时候

到离团不远的小超市里，给我买些好吃的回来，再偷偷藏到我的军被里。等我翻开时，里面会有手指饼干、奶粉、山楂卷等等，都是小时候爷爷买过给我吃的。士力架什么的比较洋气的零食爷爷不认识，他会让我在信里给他写个字条，专门列一个想吃的零食清单给他，他再慢慢去采购，下次月末时给我带来。想起来有点像《樱桃小丸子》里面小丸子和他爷爷的感情。

团里是允许我们和家里通信的，我保存着那个时期爷爷给我写的信，有快上百封呢。我和爷爷更多的沟通是在信中完成的。那时，爷爷每月都会给我寄来两封信，告诉我家里的状况，多数的内容还是我在学习中遇到困难和心态不好时，他给予我的开导和鼓励。爷爷会很细心地将那一时间段的问题解答分成（一）、（二）、

● 爷爷给我写过的近百封信。爷爷离开我之后，我搬家时整理出好多在文工团时爷爷给我写的信，那些亲切的话语历历在目。看着那些曾经被我压在枕头底下的精神寄语，眼泪就彻底地止不住了。

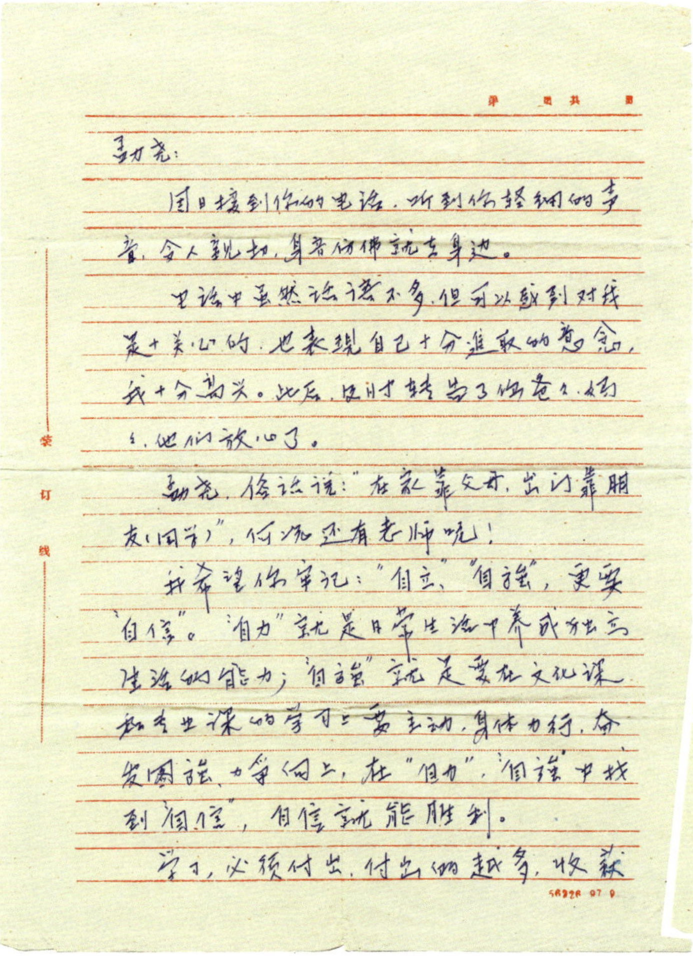

勐尧：

周日接到你的电话，听到你轻细的声音，令人亲切，身音仿佛就在身边。

电话中虽然话语不多，但可以感到对我是十分关心的，也表现自己十分进取的意念，我十分高兴。此后，及时转告了你爸爸、妈妈，他们放心了。

勐尧，俗话说："在家靠父母，出门靠朋友（同学）"，何况还有老师呢！

我希望你牢记："自立"、"自强"，更要"自信"。"自力"就是日常生活中养成独立生活的能力；"自强"就是要在文化课和专业课的学习上要主动，身体力行，奋发图强、力争向上，在"自力"、"自强"中找到"自信"，自信就能胜利。

学习，必须付出，付出的越多，收获

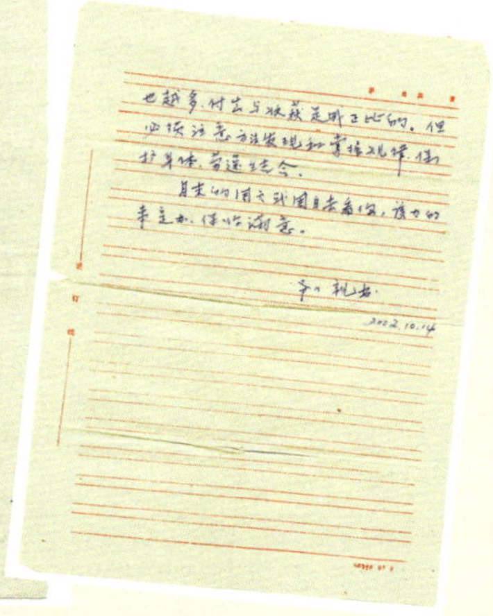

也越多。付出与收获是成正比的。但必须注意方法发现和掌握规律。保护身体，劳逸结合。

月末的周六或周日去看你，该办的事定办，保你满意。

爷爷亲书

2002.10.14

● 勐尧，俗话说“在家靠父母，出门靠朋友（同学）。”何况还有老师呢！

我希望你牢记：“自立”、“自强”，更要“自信”。“自立”就是日常生活中养成独立生活的能力；“自强”就是要在文化课和专业课的学习上要主动，身体力行、奋发图强、力争向上，在“自立”、“自强”中找到“自信”，自信就能胜利。

学习，必须付出，付出的越多，收获也越多。付出与收获是成正比的。但必须注意方法，发现和掌握规律。保护身体，劳逸结合。

月末的周六或周日去看你，该办的事定办，保你满意。

爷爷亲书

2002年10月14日

注：信的最后爷爷说的“该办的事定办，保你满意”，说的就是我朝思暮想的零食

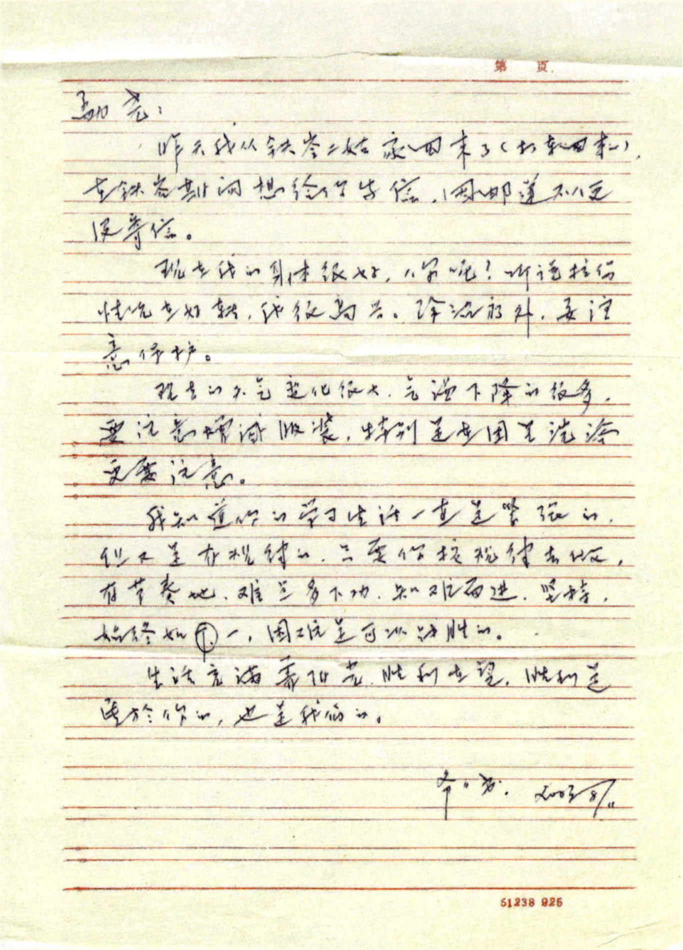
第　页

勋亮：

昨天我从铁岭二姑家回来了（打针回来）。在铁岭期间想给你写信，因邮递不便没寄信。

现在我的身体很好，你呢？听说你的情况也好转，我很高兴。除学习外，要注意保护。

现在的天气变化很大，气温下降的很多，要注意增添服装，特别是在周末活动更要注意。

我知道你的学习生活一直是紧张的，但又是有规律的。只要你按规律去做，有节奏地、难点多下功、知难而进、坚持，始终如一，困难是可以战胜的。

生活充满着阳光，胜利在望，胜利是属于你的，也是我们的。

爷爷　2003 8/11

51238 925

● 在2003年11月爷爷给我的一封信中，他鼓励我说：我知道你的学习生活一直都是紧张的，又是有规律的。只要你按规律去做，有节奏地，知难而进，坚持始终如一，困难是可以战胜的。生活充满着阳光，胜利在望，这胜利是属于你的，也是我们的。——这成为对我影响特别深的话，不但在部队期间，就是我走出部队，走向社会，这些话还一直对我起着作用。

（三）、（四）这样的分类。信件的顺序清楚，也防止了哪封信没有及时收到造成的困惑。那些信被我压在寝室的枕头下面，每当我遇到困难和心里委屈难过的时候，总会把爷爷的信拿出来反复地看。

其实同样的话我也会和爸爸妈妈说，可他们有各自的事情要忙。在我内心里，我和爷爷的亲，已经胜过爸爸和妈妈了，我也就更愿意什么都和爷爷倾诉。爷爷很多时候更像是我的一个无话不说的好朋友，他总是有很多的耐心和办法，不厌其烦地对我在成长中遇到的各种问题给出意见。

后来，艰苦的学员生活总算过去了。我们去了演员队。当了演员就要经常去全国各地演出，参加国家举办的大型晚会，奥运会开幕式、世博会开幕式、赴俄罗斯保障中俄联合反恐军事演习演出任务……爷爷的信件还是会经常不断地寄来。他总是要我好好照顾自己，放心家里，放心他，要我记得一定为国争光。我当时想，我怎样才能算是为国争光呀，又不是奥运会运动员。总之，我在一天天长大，爷爷在一天天变老，但我们的沟通交流没有因为时间的变化而间断。

# 三

# 为什么拿起照相机

## 1. 拍照片对我来说就是写日记

小的时候，妈妈经常拿起照相机为我的童年拍照留念。这些照片是妈妈给我的珍贵礼物。受她的影响，我很小的时候摄影就在心里埋下了种子。我真正拿起照相机拍照片，是17岁在部队的时候。

到部队后，妈妈要求我养成每天写日记的习惯，我写了好几本。后来，演出排练很忙，慢慢地就没能坚持了。自己又觉得可惜，一天就这样过去了，不记下点什么，总觉得对不起自己。我想要是有什么方法能够代替写日记来记录生活就好了。我想到了妈妈曾经送给我的小傻瓜胶卷相机——我可以拍照片呀，照片就是记录生活呀，每一张照片都能还原当时的情景和感受，一张照片能够唤起你当时的记忆和情感，这是记录生活的最好方式。

照片对于我来说就是日记。起初我也是喜欢拍些花草风景一类的，后来慢慢地体会到，人的情感才是最该关注的，情感是那样的容易流逝，很多时候还没等你来得及感受，它就已经悄然溜走了，不给你抓住的机会。我常常想，如果用摄影把这些瞬间都保留下来，是不是就可以拥有的再久一点。

我没有系统地学习过摄影，所有照片就只是凭着自己的感觉去拍。每当有一种能感动到我内心情感的时候，我就拍照片，拍下所有我不想忘记的和深深眷恋的感情。拍照片，会把我所有不想忘却的变成我的永恒时刻。如果说，一段珍贵的时光终将会逝去，那么拍照片，就是储存当时情感、温度和记忆的过程。就这一点来

● 这是我17岁时在一次家庭聚会上，第一次有意识地用照相机和爷爷的自拍合影，虽然画质不是很好，但爷爷的笑容特别温暖，我们也非常自然，这就是我和爷爷的日常状态。

看，它是无价的。

拍照片也是我自己一种情感告白的方式，很多的话语和感情，我都选择把它们放进了照片里。相机是我亲密的爱人，胶片是我要好的朋友，它们陪伴着我去往任何地方。我有秘密都会告诉它们，它们也真实可靠地帮我保管着珍贵的回忆，我们之间有着一种无法言喻的默契。

## 2. 镜头对准自己、爷爷和“芳华”战友

我总是喜欢随身带着照相机，遇到什么就拍什么。镜头大部

在我的要求下，爷爷拿起我做的花布娃娃，很投入地当我的摄影模特。

分对准家人、战友，更多的时候还是拍摄自己。爸爸和姑姑刚开始总对说我："照照照，就知道照，照这些有什么用？"我笑笑不说话，我也说不出个为什么。

爷爷和妈妈就支持我。我刚刚开始喜欢拍照片的时候，爷爷就乐于给我当模特，也是出于对孙女兴趣爱好的一种支持吧。我也愿意跟在爷爷身后，拍摄他的一举一动。爷爷总是很配合我的镜头，无论何时何地，只要他看见我的相机镜头对准了他，就会很自然地露出笑容，有时还会配合我的要求做出一些造型，特别有镜头感。

假期快结束的时候，我又要返回部队了，爷爷每次都会送我到

● 我早就想过，要和爷爷穿着一样的衣服拍一次照片。2008年时，我被军区选为去北京参加奥运会开幕式的舞蹈演员，在北京排练三四个月。排练间隙，我跑去离住地不远的动物园服装批发市场，挑选适合我和爷爷拍照片穿的衣服。选来选去，最终选中了一件深蓝色带着超人图案的T恤。我看见它的时候，就预想着爷爷穿上它的模样：爷爷一定会双手插着腰，神气满满地做着各种超人造型，特别可爱。想着想着我就笑出声来。我自己也买了一件一模一样的。我把它们背回家去，和爷爷拍了我们第一次的"亲子装"照片。

车站。我不让他送，怕他累，但爷爷每次都很坚持，还说他是要出去溜达溜达，“顺便”送送我。每次我们都要走上一段路，爷爷再陪着我一起等公交车来。路上，爷爷会嘱咐我工作上要努力认真，生活上要勤快自律。每到快分别的时候，我总是会很舍不得，总会和爷爷多拉拉手，多拥抱几次，有时候还会亲亲爷爷。我觉得不管自己多大年龄，始终都是爷爷的小孙女。我不想离开家，更不放心爷爷自己在家，担心爷爷能不能照顾好自己。每当我快上车的时候，都会和爷爷再拍张合影，记住这个时刻。这样，回到部队想念爷爷的时候，就能拿出照片来看一看，回想起我们在一起的欢乐时光。

有好多次，因为想在家里多陪爷爷待一会儿，结果返回部队的时

间快来不及了，我只好打车去汽车站。爷爷就陪着我等到出租车来。车子已经开出了好远以后，我再回头去看，爷爷每次都站在原地，拄着他的拐杖，一动不动地望着我离开的方向，直到再也望不见我了，才会缓缓地转身往回走。每次我经历这样的场景，瞬间眼眶就湿了。我能想象得到，爷爷一个人走回家时的落寞心情。有好多事情，就是这样的无可奈何，我总还是要回到部队去，不能够一直在他身边。但我会和自己说，等我再回家时，一定要更珍惜和爷爷在一起的每分每秒。

● 我拍下了爷爷送我上车的影像，这个画面会是我人生中最珍贵的回忆和纪念。

回到部队，和我从小一起长大的战友们也成为我的模特。我和我的“花儿”们，一起走过了那些属于我们的芳华岁月，战友们都很配合我的拍摄想法。每当我有什么新的拍摄感觉时，也不管结果好与坏，她们总是给予我百分百的支持和鼓励。

有时候，我在上课时拍下我们的舞蹈瞬间。

有时候，我就在排练厅里临时搭建个模拟的“小影棚”，利用下午的自然光照，用自拍的方式记录与战友们训练的日常影像。

有时候，我会拍下舞台演出时战友们的影像，记录追光灯下我们光彩动人的时刻。

还有时候，我会拍下我们舞蹈演员利用身体曲线诠释出的线条之美。对于舞者而言，身体本身就如同一个剧场，每一个肢体动作都有它独特的语言。我作为一名舞者，拍摄这样的照片就很得心应手。

刚开始我也用过数码相机，随着对摄影的着迷，迷恋上了胶片的质感，而且一直坚持用胶片相机。胶片一张是一张，没有再重复的可能，这种不可能，也增强了胶片的魅力；胶片的费用也比较贵，你在按下快门时就必须要郑重，不能随意，不能像拍摄数码相机一样去“消费快门”。对我而言，想拍下来的每一刻，都是可珍视的，所以更要用胶片去留住有价值的记忆。而且用胶片拍的照片，需要一段时间的冲洗过程才能看见结果，不像数码相机那样很容易地就得到影像。正是这种需要等待的过程，让我对所拍照片的结果更期待。在自己配制显影、定影药水，自己冲洗黑白底片的过程中，在等待的过程里，能放进自己更多的期待与盼望。在对待摄影这件事情上，我有超多的耐心。我能几天都不出门，在没有排练和演出时，就在寝室里临时搭建一个小暗房，自己冲洗和整理底片。有时高兴了还会在等待显影的过程中随着音乐跳上一段舞蹈。

多年来，我用的胶卷都是在沈阳的五爱市场批发来的，背景布等辅助材料也是从那买的，这对我来说也算是一笔很大的开销。还好我在部队，很早就有了津贴和工资，不用向家里伸手也能担负起我的爱好支出。我用的摄影器材也很节省，从来都不是“器材党”。因为经济能力有限，我用的相机没有很贵的，都是几百元钱从二手市场淘来的，能用上好多年。我的第一台相机，是妈妈送给我的一台“奥林巴斯”小傻瓜胶片机，在送给我之前，妈妈也用了十年了。这种小傻瓜相机陪伴了我好多年，有很多自己很喜欢的作品，就是它帮我拍下来的。不是有一句话叫“限制是天才的磨刀石”嘛，我认为这话说的一点不假，正是有了一些限制，才能练就出不一样的本领。当然，相比同龄的女孩子，我的衣服化妆品就买的很少了，毕竟经济上鱼与熊掌不可兼得。

## 3. 第一张真正意义上的作品

就这样拍着拍着好几年，我的底片也集满了厚厚几大本。看着满满的底片夹，我会特别想念奶奶。拍了这么多和家人的照片，唯独没拍过我和奶奶的，可她早就已经从我的生活中消失了。有时我后悔自己没能在很小的时候就有拿起相机拍照片的意识，失去了能留下我和奶奶在一起的记忆的机会。我能回忆起奶奶的事情已经很少了，想起什么，也总是模糊的、片段的，有时候甚至会一时记不起她的样子，你越想记起，记忆里的影像会越模糊。我就马上去翻看家里相册中奶奶的照片，看见了，记得了，才会安下心来。我知道记忆是会随着时间的推移慢慢变得模糊的，正因为我留下了和奶奶在一起时的太多遗憾，所以不能让自己再犯同样的错误，我要用相机拍下我和爷爷在一起时的所有珍贵瞬间。我不能够再忘记爷爷了，他也是我在这个世界上最重要的亲人……

爷爷正直又善良。他常说的一句人生格言是“好人一生平安”。我想这里的“好人”包含了好多的含义，都是爷爷对自己做人的根本要求。像他这样一位平凡的老人，总是做着很多在我看来不平凡的事情。

印象深刻的一件事是，爷爷家对面楼里住的一位保安员，在一次值夜班时摔断了腿，他和他爱人都下岗了，生活很不容易。爷爷听街坊闲聊天时知道了这件事，就跑去农贸市场买回来煲汤用的大骨头，自己炖了四个多小时，亲自给保安员送了过去，人家感动得不行。再不然就是爷爷听说了谁家有人生了病，生活困难买不起药，他会去药房刷他自己的医保卡，给人家买了需要的药送过去。有时姑姑会说他几句：“爸，你这差不多就行了。你自己也是一个老人家，工资也不多，平时自己不舍得吃不舍得喝的，挣这点钱全给别人买吃的去了。”姑姑说到这里，爷爷总会不高兴，皱着眉头说：“你懂啥，都不容易，咱们能帮就帮点！” 爷爷还经常在坐公交车的时候，遇到比他更需要座位的人，就会主动把座位让出去。

爷爷对待邻里邻居，也是传承着他们老一辈人常说的“远亲不如近邻”的传统观念。逢年过节，只要家里烀猪爪、肘子。爷爷都要多买出几份来，他亲自动手给猪爪剃毛，蒸熟后送给街坊。后来爷爷年龄大了，走路费劲，更提不动太重的东西，那他也不忘记买点年历、对联之类的小礼物送给邻居，给人家带去他一份暖暖的心意。

我看着爷爷小小的身体里，仿佛藏着一种很大的力量。在这平淡的举动中让我觉得，爷爷是会发光的，他的光芒照耀着我，也照耀着更有需要的人。仿佛他就会一直一直这样，不会变老，更不会离开。我好像也从没有想象过爷爷会有真正变老的那一天，他会一直这样走路轻快，站立挺直，说话响亮。可就在2010年的一天,当我再次回到家里时，我看见了一个不再和从前一样的爷爷，那是我有生以来第一次觉得爷爷老了，老得是那样的明显。他那衰老的迹象，就像一把无情的刀子，狠狠地扎在我没有任何防备的心上。

原来，亲人从来不是慢慢变老的，都是一下子变老的。

那段时间我接到部队的通知，要去外地参加排练演出，离家将近两个月的时间。等我再回到家里时，发现爷爷非常明显的和以前不一样了。记得爷爷当时坐在床上，看见我回来了，并没有马上起身，只是定了定，看看我才说：“是勐尧吗？是勐尧呀！我都没听见你开门的声音，还以为是你姑或你爸来了呢。你啥时候回来的呀？吃饭了吗？家里有我刚做的烧茄子，你吃点吗……”我这时才意识

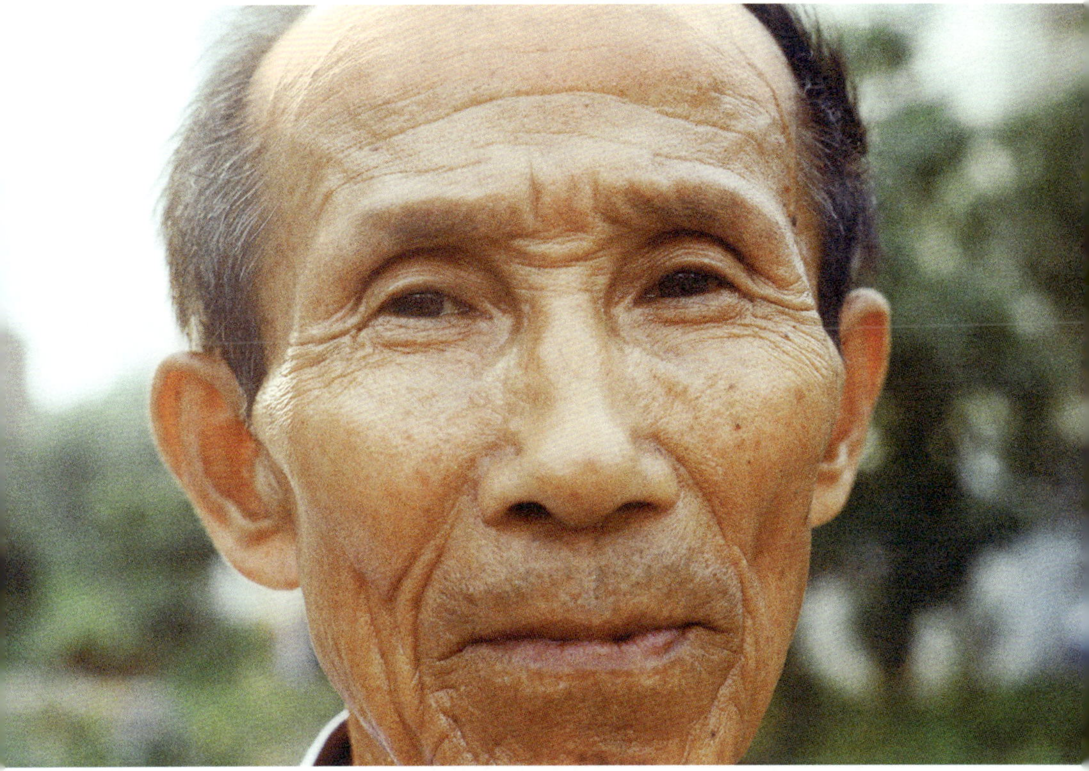

到爷爷的眼睛花了，看不清我了。在我们聊天的过程里，我发现他同样的问题会反复问好几遍，光是吃没吃午饭，就问了我三遍。爷爷说话的声音也变得特别大，他说是因为他听不清楚我说话的声音，开始耳背了。我看着爷爷恍惚的眼神和他缓慢起身去厕所的佝偻背影，心里好难受。这是怎么了!我的爷爷怎么会变成这样了呢？那个印象里健步如飞又挺拔结实的爷爷哪儿去了？他怎么一下子缩成了这样小了！看着眼前的爷爷，我的眼泪忍不住地往下流。时间是这样的无情，爷爷忽然之间就变老了。

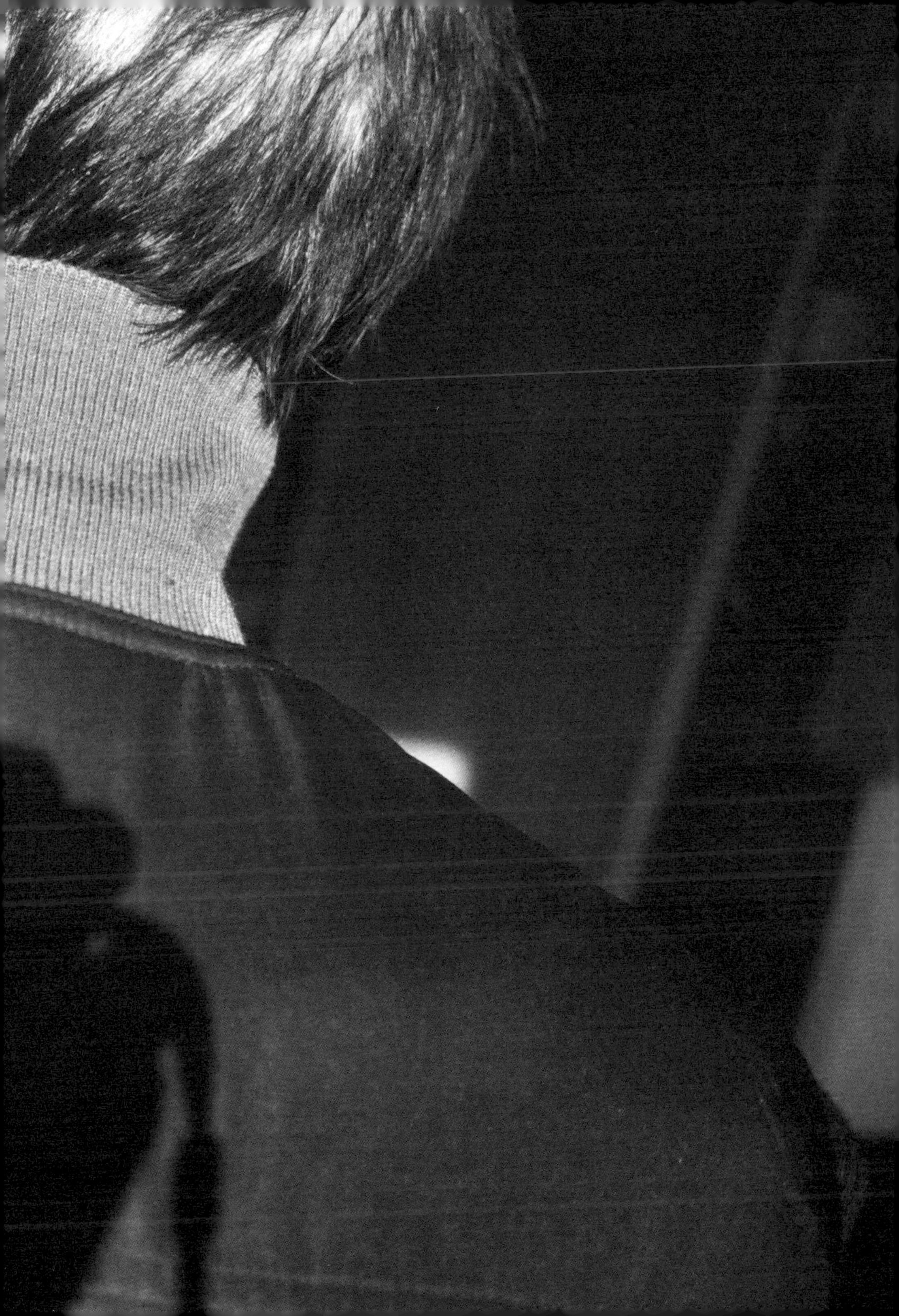

时间啊，
让我的爷爷不要再变老了，
如果可以，
我愿意和爷爷交换，
愿意替他变老……

当爷爷重新坐回床上时，我也坐到了爷爷身边。我多想让时间就这样静止啊！我就这样也不用回部队，就在家里陪着爷爷，永远不和他分开。可时间还是一分一秒地过去，我也到了该回去报到的时间了。爷爷看看墙上的挂钟对我说：“马上4点了，你快点回去吧，还要坐一个多小时的车呐，回部队报到可千万不能迟到啊。”当我走到门口时，一种深深的不舍涌上心头。我停下来，回头再看坐在床上的爷爷。他蜷缩地坐在床边，是那么瘦弱，好像又变回了小孩子。下午的阳光温暖地洒在他身上，整个人看起来像是发着光。我被那一刻眼前的画面深深地感动了。我重新走到爷爷身边，拿起随身带着的照相机对爷爷说：“爷爷，让我们来拍张照片吧，这样我回部队想你的时候就能看见你了。”爷爷说：“好啊，你想拍就拍吧。”我将头轻轻枕在爷爷的肩上。那一刻我祈祷着，时间啊，让我的爷爷不要再变老了，如果可以，我愿意和爷爷交换，愿意替他变老……我轻轻地按下了快门。

回到部队，我把胶卷冲洗扫描出来，在电脑屏幕上再看这张照片，被它深深地感动了，在电脑前哭了好久。我不敢面对爷爷正在老去的身影，他是我的大山、大树。爷爷老了，他是不是有一天也会像奶奶一样从我的生命中消失了。那些我想说却无法表达的话，那种深深的不舍、不想离开他的神情，都被我放在这张照片里了。这是属于我和爷爷的第一张真正称得上作品的照片，是这张照片让我知道了摄影的真正意义。也是这张照片，让我在心里深深地下了一个决定：一定要把属于爷爷和我的故事好好拍下去……

## 4. 是“写境”，不是“造境”

我和爷爷的照片，看起来好像是别人拍摄的，但实际上所有照片都是用我的小胶片相机自拍完成的。有的用了三脚架，大部分则是我用手持的方法拍摄的。

我的相机很小巧，几乎从不离身，随时可以自拍。有的照片就必须用到了10秒定时了。首先要构好图，对好焦距，再按下定时快门，用这10秒的时间跑到要拍摄的位置上，随着快门自动按下的“咔嚓”声，一张张自拍的作品就诞生了。我本身是名舞蹈演员，常年在舞台上表演，会很有镜头感，这大概成了我摄影的优势所在。

这些照片并不是一般意义上的摆拍，它们是我记录生活的一种方式。生活中出现了感动我的瞬间，我才会想着去抓拍留住，这是个前提。所以照片中出现的场景和情感是真实的，不是刻意营造的。摄影的可贵之处，是你在日常生活中用心感受和发现到的，而不是造作出来的。

每次给爷爷拍照片前，他都很重视，有时认真地穿戴整齐，有时问我该怎么拍才会显得更好看。对于我和爷爷来说，拍照片已经成为我们生活中不可缺少的一部分了，它让生活有了一种仪式感。

拍照片后来成为我和爷爷生活中的一部分了。由于爷爷衰老的速度加快，我想要留住他的愿望也越发的强烈。我开始自觉地留下爷爷生活中更多的身影，慢慢的自己的影像也越来越多地加了进来，再后来就是我和爷爷在一起的每时每刻我都想用相机拍下来，留住。虽然这些并没什么特别的，但因为这小小的一部分，让本来就平淡无奇的生活，会因为拍照偶尔“闪亮”了一下。

Ⅰ Ⅱ Ⅲ Ⅳ Ⅴ Ⅵ Ⅶ

# 四

# 人老了，是怎样的生活状态

① ② ③ ④ ⑤ ⑥ ⑦

## 1. 和时间赛跑

原本爷爷是不肯用拐杖的，他要强，觉得拿拐杖走路是很没有面子的。但是后来出了事故。爷爷家住在三楼，每天都要上下楼梯。有一次，在他的右脚要抬起时没有抬到位，被台阶绊倒，直接摔在了楼梯上，脸和胳膊好几处都卡破了。邻居听见声响出来帮忙，爷爷没有让人帮忙扶着，自己慢慢站起来。爷爷的内心一直都很坚强，他怕我担心，一直都没有告诉我他摔了的事情，后来还是我回家发现他脸上的淤青和伤痕后，才告诉我的。我当时很难过，心疼的同时也感到内疚。爷爷的年龄越来越大了，身边越来越需要有个人陪伴和照顾，可我又不能天天陪在他身边。我拍下了爷爷脸上有伤痕的这张照片，也是想给自己提个醒：爷爷需要我，我一定要经常回家，多和爷爷在一起才行。

摔跤之后，爷爷也听劝了，自己拿起了拐杖。后来家里为了让爷爷不用再爬楼梯， 2015年夏天，给爷爷搬了新家，从三楼换到了一楼。

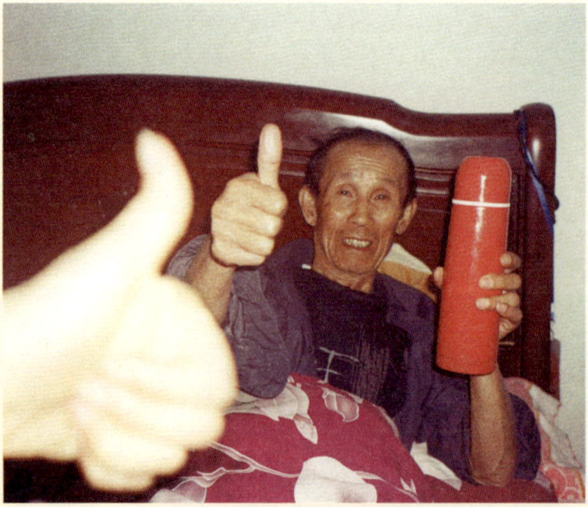

● 爷爷给我煲的汤点赞。知道爷爷上楼梯时摔倒了以后，我总想着是不是因为他骨骼的钙流失了，需要补补钙。我买了可以定时的电磁锅，每周四晚上排练结束后去团附近的菜市场，买好排骨、山药、莲藕等，在战友的指导下，尝试着煲排骨汤给爷爷。周五一早开始煲，经过六七个小时的慢炖，下午结束排练任务后，我用两个大保温杯把一整锅煲好的汤装好，背在双肩包里。经过一个半小时的车程回到家，我会让爷爷先趁热喝上一大碗。爷爷的牙口不好，吃肉费劲，不过长时间炖煮的排骨，基本上入口即化了。有一次爷爷一连喝了两大碗。

我常常想起你背着手走在抚顺夜市人群里的样子。那个背影，始终比我高许多，仿佛一棵大树。那小小的我，仿佛永远可以依傍在这棵大树下。可走着走着，你就这样老了，弯了腰，拄起了拐杖。

我知道爷爷一直都有个心愿，就是想能坐一次飞机，去看看天空之上的世界。我想在爷爷身体还健康、走路也还可以的时候，能让爷爷坐飞机出去旅行一次，这个心愿在我心里压了好久。可那时候，我还是个小学员，每个月部队发的津贴很少，我攒过一段时间，好像怎么也攒不够。2011年底,我终于提干了，团里给我们补发了近一年的工资，有一万多块。这是我人生中的第一次工资，第一次拿到这么多的钱，心里的第一个念头就是拿出一笔钱给爷爷报旅行团去。在他自己的反复斟酌和挑选之下，选择了去海南的旅行团。爷爷说这个团是专门的老年团，照顾会细心些，还可以坐飞机、轮船。一想着自己帮爷爷圆了坐飞机旅行的梦，我心里就很欣慰。

自从爷爷衰老的迹象给我强烈的刺激后，我抓紧一切空闲时间回家陪爷爷。我很少有时间再去参加战友或朋友的聚会，尽量减少社交活动。我明白，陪伴正在老去的爷爷，是当前比一切事情都重要的事，时间不等人，我是在和时间赛跑。那时候，只要我从沈阳回到抚顺，一下车，肯定是直奔爷爷家去。那段时间我很少有时间去陪妈妈和看望爸爸。妈妈知道了原因后，也支持我多陪着爷爷。妈妈说：“我可不能和爷爷抢你呀。”

我会在周末休息时回到爷爷家，住在客厅的床上。周五住一夜，周六住一夜，周日下午再坐大客车返回沈阳的部队中。冬天下雪，路很滑，车子不好走。只要一下雪，准能接到爷爷的电话：“勐尧，下雪了路不好走，这周你就别回来了，爷爷自己没事儿。”还有时候我回家晚了，爷爷已经睡下了。我走到自己床边，总能看见爷爷为我准备好的被子，被窝里还有爷爷为我灌好的热水袋。被子的底边和两个侧边被仔细地卷好，用爷爷的话说：“这是科学方法，这样里面的热气才不会跑掉。”

爷爷走路摔跤后，我开始担心他一个人在家的情况。我给自己制定了一个任务，不管每天工作多忙，保证在每天早晨上完基训课和下午排练结束后，给爷爷各打一次电话，询问他在家里的情况。有时候打了两次电话爷爷都没接，我就坐立不安的，打电话给住在爷爷家附近的爸爸，让他去看看爷爷那边的情况。结果大都是爷爷因为耳朵背，把电视的声音调到最大，就听不见电话铃声了。

我打电话总会问爷爷有没有好好吃饭，吃的是什么，有什么东西要买，下次周末休息时我会一并买好，给他带回去。想想当年我刚到部队，是爷爷每周买了零食带给我，现在我俩角色互换了。我告诉爷爷尽量不要自己外出去离家很远的地方，实在是有什么事情要去办或者要去买的，等我周末回来陪着他一起去。

● 春节时我给爷爷的红包，希望给爷爷“压压岁”，让他慢一点变老。

爷爷吃东西不多，还没有吃午餐的习惯，所以我给他安排了一个必须要执行的“下午茶”的任务：每天下午2点左右要喝一袋酸奶，吃上几块糕点，再吃两样水果。晚上临睡前再喝上一袋热牛奶。每次回家，我都会买上一箱牛奶和一箱红枣酸奶，让爷爷能换着样喝，水果也多买几种，要足够爷爷吃上一个星期的量。爷爷还是很听我的话的。每次我回来，看见箱子里的牛奶没剩下几袋，水果也见下了。

爷爷的牙口也大不如从前了，所以水果和糕点要尽量挑选一些软的、好嚼的，比如香蕉、草莓、长把软梨、黄元帅等等。糕点我会常换一些种类，爷爷比较喜欢吃我买的芝麻馅小月饼，一口一个，一次能吃下三四个。我也在这样细枝末节的小小瞬间中，感觉到自己慢慢长大了，好像变成爷爷的“家长”了……

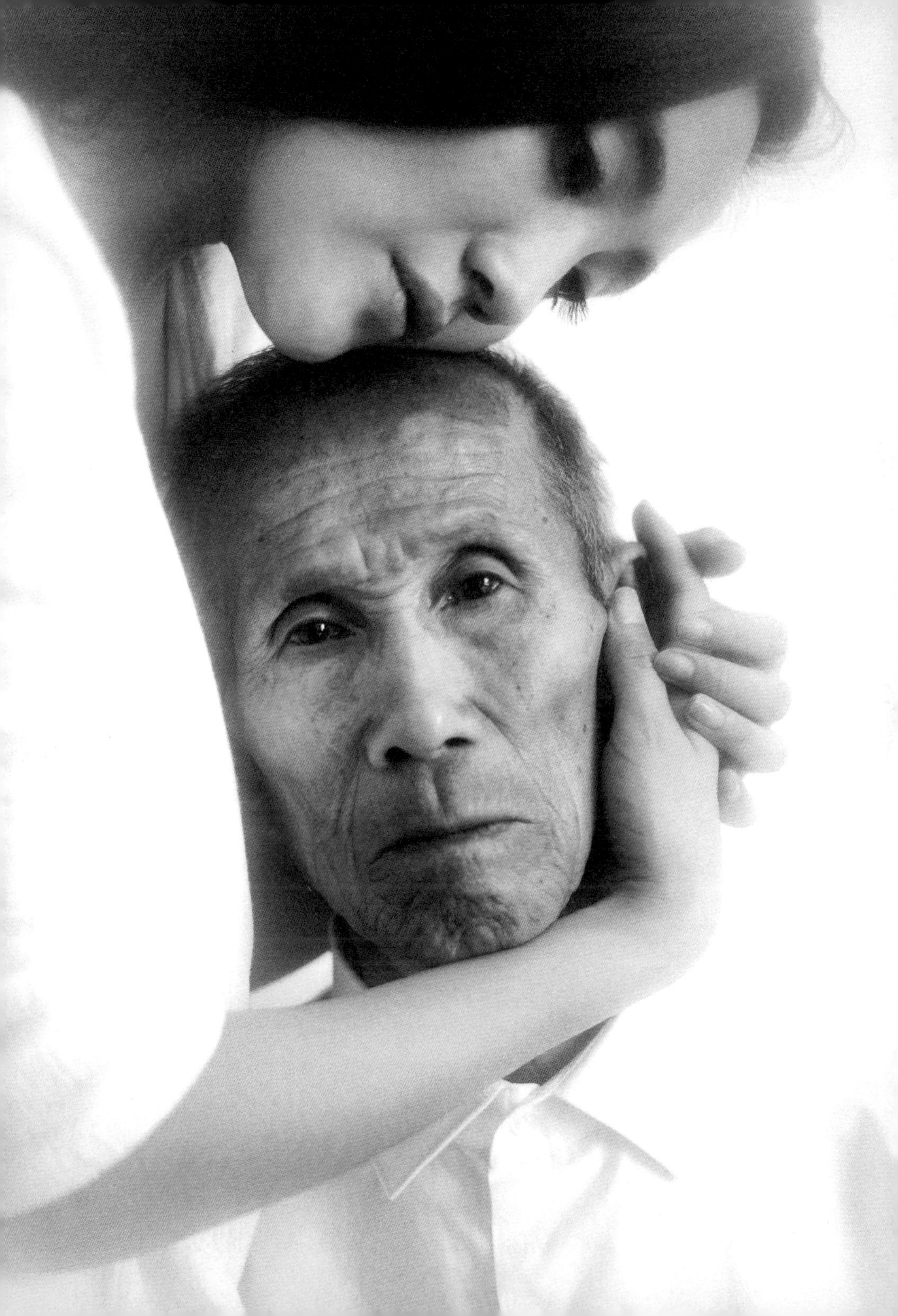

## 2.一次伤心的经历

一次周末回家后，爷爷要我陪他去市里的农贸大厅。那时候已经是秋天了，天气开始变冷了。我习惯性地问爷爷："你有什么需要买的，我去给你买回来好了，你就别折腾了。外面这几天变天了，别再冻感冒。"爷爷好像对我们这次的出行很期待，他说："没事，我多穿点，我和你一起去。你不知道我要买的东西在哪儿卖，我也顺便和你去市里溜达溜达。"我说："那我们一起去，不过您现在腿脚不方便，我们俩打车走。"爷爷一听说要打车走，一脸的不情愿："打什么车呀，又没有什么要紧的事，咱俩就慢慢溜达去车站，坐公交车就能到。我有老年证不花钱，你有军官证也不花钱，不该花的钱咱不花。"我犟不过爷爷，就帮他穿戴整齐，一起出门了。

我走在爷爷身边，看着地上两个人的影子，我的高，他的矮，到底是从什么时候开始，我变得比爷爷还高了，好像我们互换了位置。以前和爷爷一起出门，我想搀着他，他总是甩开我的手说："我们各自走各自的，我不用你扶着。"可一晃眼到现在，我们再一起上街，爷爷会不自觉地拉着我的手，或者拽着我的胳膊了。他走起路来，变得好慢好慢，显得有些吃力。我慢慢跟在他身边，和他聊起我在部队演出和生活的种种小事，让他不会因为自己走得慢感到着急。

我们不一会儿就走到了车站。天有些阴冷，风一吹，像马上要下起雪似的。我们站在车站等，希望公交车能快点来。等了好久，车还是迟迟不见踪影。我见爷爷站着有些累了，扶他去车站的亭子里坐下。爷爷告诉我："601路车就是这样，特别少，我们不着急，再等一等。"过了20分钟，我看爷爷鼻涕都冻出来了，劝爷爷说：

“我们还是打车吧……”话音刚落，终于看见一辆601路公交车的影子啦。可算是等来了。我扶着爷爷起身，他坐的时间有些长了，腿有点麻。我能感觉到爷爷这几步路走得很吃力，也很着急，他想早点走到上车的位置。就在我们马上走到上车点时，我都看见公交车司机的脸了，但是，车没有减速，就从我们的面前开走了。这是我第一次体会到被人甩在大街上的感觉，像被扎了一下心。

我当时心里难受，不光是对这位司机失望，更多是觉得爷爷走路实在太不方便了，看着爷爷瘦小的身体，走得吃力又着急，那么努力地走，车子就这样冷漠地开走了。我看着爷爷眼里的失落和他被冻出的鼻涕，忽然明白，人老了的那种无力和无奈感，像被抛弃了的孩子。这次还有我陪在爷爷身边，可我不在他身边的时候，他一个人走路的时候，会不会因为怕赶不上公交车走得格外着急，不小心摔倒在路边？或者遇到这样冷漠的司机，被一个人甩在了大街上？如果没有我陪在身边，他一个人心里该是怎样的无助和失落呢？

公交车开走了，我问爷爷：“您之前遇到过这样的情况吗，也有司机不停车吗？”爷爷说：“有哇，我之前遇到过好几次呢，明明我都向他招了手，他看见了也没有给我停车。我有一次还挺赌气呢，打了一辆出租车，让出租车司机带着我追前面那辆公交车，也不知道他有什么要紧的事！可能也不能怪人家，我现在确实是走路太慢了，都嫌我们慢吧……”

为了能让爷爷气平一点，从刚才失落的情绪中解脱出来，更是为了记录下这次不同寻常的出行经历，我从包里拿出相机，和爷爷像往常一样自拍了几张照片。

还好，我们顺利地上了下一辆601路公交车，更好的是还有座

位。到了农贸大厅，爷爷一直很小心地拉着我的手。我们买到了他一直想买的东西——一捆食品袋。我说：“爷爷我给你多买几捆吧，省得再来折腾了，咱们大老远来了，就买一捆回家也不合适呀。”爷爷说：“一捆够用了，不用多买，浪费钱。”

我发现爷爷走不动了，一直抬不起脚，走路拖着地，就问爷爷：“要不我们回家吧，你也累了。”爷爷说：“嗯……我想再走走，到前面的新玛特，给你爸买一袋‘中之杰’的馒头。那个馒头特别好吃，你爸自己一个人，也不爱做饭，他肯定能爱吃。我们买完你再给你爸送去。”爷爷真是不管多大年纪，自己有多苦多累，还是会惦记自己

的孩子。

在我的坚持下，这回他终于同意打车回去了。

## 3.爷爷的“伪装”

自从有了上次和爷爷出行被公交车甩下的经历，我特别担心爷爷自己一个人上街。我对他说，以后有什么事情要上街，一定要等我回来陪着一起去。

冬天的时候，爷爷的头发长了该去理发了，我们就约定好，等我周六回家时，陪他一起去理发店。可等到我周六回到家，发现家里空无一人。我跑到家后院爷爷常去聊天的小长廊里找，没找到人；给他打手机，也没人接。忽然，我想到爷爷可能是没等我，一个人去理发了，就跑去离家不远的小理发店，还是没见着爷爷的身影。我问理发店老板，见没见到一个自己来理发的老人。她说：“是不是一个很瘦的老头？刚刚走，好像搭了一辆‘小凉快’（抚顺一种招手就停的小篷车，一元一次，很方便但也容易翻车，经常被整顿清理），你去追追，没准能追到。”我又沿着路往家的方向边跑边找。等我快跑到爷爷家的楼口时，看见一辆刚刚停下的“小凉快”。车门刚刚打开，里面非常缓慢地下来一位老人，我看见了最熟悉不过的皮鞋和拐杖，大喊了几声：“爷爷！爷爷！”可爷爷耳背，没有听见。我怕突然跑过去会吓他一跳，就慢慢走过去。爷爷从车上下来，一直弯着腰，没有直起身，小心地站在原地一动不动，走了几小步，都只是慢慢挪动几下脚。地上有些小冰块让他特别小心。我想，是不是累到了？我和爷爷在一起的时候，从来都没见过他这样弯着腰走路，今天这是怎么了？我下意识地拿起了手里的相机，拍下了这张照片。

三九穴位贴敷
22日
31日
09日
弘恩慈养老院
58058000
www.hecyly.com

弘恩慈养老院
58058000
www.hecyly.com

在我按下快门的时候，爷爷看向了我站着的方向。他看了看我，好一会儿才认出我，然后直起了腰身，向我微笑着招了招手说：“哎呀，是小勐尧呀，你回来了。”他的形态和表情，和刚刚那个弯着腰的爷爷完全是两个人。一个让人感觉孤独疲累，一个看上去轻松自在。我终于知道了，原来爷爷和我在一起的时候，更多表现出的是他很好的状态，也是不想让我担心；而当他一个人的时候，固有的状态自然地浮现在他身体上了。

## 4.“笼”中的一天一天

有段时间，我一直在想象，爷爷一个人在家是怎样的状态，他自己做些什么？会不会觉得孤独？我也越发地关注爷爷在生活中出现的日常身影。

有时我俩在家一整天，都是静静地度过的。爷爷口齿表达不清楚了，说话越来越吃力，和我的沟通交流也渐渐地少了。有时候我想和爷爷说点什么，他都是简单地回应几句，然后指指自己的嗓子说：“我说话费劲，不想多说话了。”

现在回想起爷爷，脑海里总是浮现出他一个人坐在床边发呆的样子，眼睛里空洞无神，房间里是一整片大好的阳光，但好像对于爷爷来说，并没有什么温暖的感觉。我能感受到爷爷的孤独，那种孤独，是人老了，被困在一个孤岛上，我们进不去，他也出不来，谁都没有办法逾越那道叫作岁月的鸿沟。

爷爷有时会站在窗边，望着窗外，看着家后院的广场上来来去去的人。爷爷见着他觉得有印象的人，会把我叫过去，和他一起看看。他还会告诉我他认识的这个人，每天什么时候出来溜达，家住

在哪栋楼里，大约是做什么的，观察得很是细微。我想这也是爷爷在大多数日子里，数着人，默默消磨时间的一种方式吧。

爷爷在家的大部分时间都是在看电视，有时候两个屋的两台电视机都要打开着，屋里看完，屋外看。我看他去客厅看电视了，

我感觉，人到晚年，很多时候像活在一个“笼子”里头。当身体各个器官的功能开始衰老、退化，行动力会受到限制，能够活动的范围也越来越小，好多事情慢慢就变得身不由已了。

就把卧室的那台关了。他过了一会儿又回来把卧室的电视机打开,说是想听着声。我看他在客厅的时间长了,走过去看看,经常看到电视机是开着的,他却坐在椅子上睡着了。我唤醒他,让他去床上躺下睡一会儿,但他对自己刚刚的瞌睡并不自知,醒来之后只说不累,然后又继续地调台看着电视,可不一会儿,又坐着睡着了……

除了呆在家里,爷爷也有固定的出去溜达的时间。每天上午10点和下午2点,爷爷会去家后院的广场上和街坊们聊天、卖呆儿、晒太阳。他每次出门,都穿戴整齐,从不邋遢,不离手的还有他的小坐垫,走到哪累了就坐下来歇一会儿,还不会弄脏裤子。每天吃过晚饭后,爷爷也要出门散步一圈,去看看跳广场舞的人,听听他们放的音乐,用爷爷的话说:反正也都是瞅瞅热闹呗。

感觉他的日子，每一天过的都是如此单一，如果没有我周末回来陪陪他，他更多也只能是在自家的房子附近转一转，走不出去多远。这个熟悉的环境好像一个固化了的“笼子”，没有太多的生气和活力，有的只是周而复始地打发时间。

## 5.爱怀旧与忘眼前

人老了爱怀旧。爷爷特别爱翻看家里的老照片。爷爷搬家后，他床头下面有一个专门放他认为比较重要的物品的小抽屉，里面有爷爷的存折、奶奶留下的老戒指，还有就是很多老照片：爷爷年轻时在抚顺考学时的照片、爷爷在学校当领导讲话的照片、奶奶年轻时的照片、家人的照片，还有我小时候的照片……我经常见他把照片摆在一整面床上，然后拿着放大镜，一点一点慢慢地看。有时他还会给我讲讲这些老照片背后的故事。我也总能在这些与爷爷青春有关的集体大合影中，准确无误地认出他的身影。

看爷爷当校长时与同事们的合影，爷爷说他那时候最喜欢穿西装和风衣了，“我其实还有一套很好的新西装，是你在日本的二大爷给我买的，我一直都把它挂起来，不舍得穿，我想等到你结婚的时候再拿出来穿。”原来石校长的新西装这么多年来一直都在为我的婚礼留着呢。我知道，能看见我结婚是爷爷晚年最大的心愿了。

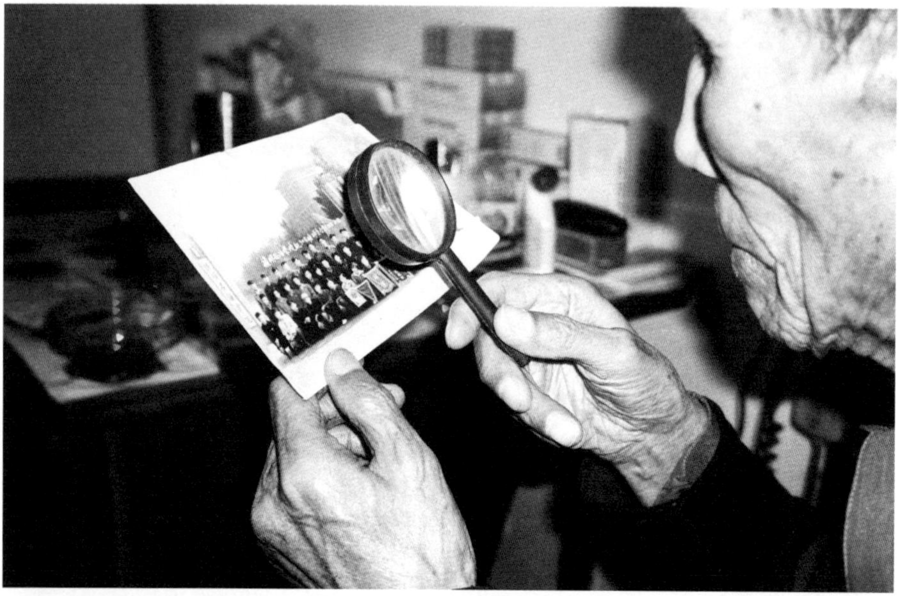

● 爷爷看我小时候的照片，总会笑出声来。他用手指着照片中的我，说我小时候有多好玩，长得像个洋娃娃似的，总给他和奶奶唱歌。

一张张照片，像是穿越时间的机器，把人们带回到遥远的过去。对爷爷的过去，我知道的很少，他说过一些，也只是一些片段。有这些照片，那些属于爷爷年轻时的记忆，就不单单是讲述和想象了。看着照片里爷爷年轻时的样子，他坚定、神气，充满生命的朝气。当我再抬起头，回到现实中，照片里的他早已踪影全无。

爷爷的记忆力严重衰退。他经常出门会忘记锁门，有时候溜达一圈回来，看见家里大门敞开着，还以为是我回来了。我也经常会在赶回家的时候，看见四门大开，却空无一人。后来问他，他也后怕地说："我明明记得锁了门呀！哎，幸亏家里值钱的东西不多，万一家里进了贼，别把我的电视搬走就好。"听得我无奈地想乐，爷爷真是不管到了啥时候，都惦记着他的电视机。

后来，爷爷有两次在热饭的时候忘记关火就出门了，整个锅底都烧光了，家里好悬没着了火，光是想想都觉得可怕。爷爷自己在家的安全成了大问题，虽然爸爸和姑姑也常过来看看，但总不能时时刻刻都在，我们就请了一位专门帮忙照顾爷爷饮食起居的保姆。她住的离爷爷家不远，走两栋楼就能过来，每天给爷爷把三顿饭做好热好，每周洗一次衣物，有时间就收拾一下家里的卫生。阿姨家里也有同样的老人，知道老人的种种不容易，对爷爷的照顾也很用心。

## 6. 被烟熏黄的手指

爷爷是位老烟民，他在家里没什么事的时候就会点起烟抽上几口。抽烟是爷爷少有的嗜好里最重要的一件事，他抽烟几十年了，烟瘾很大，手指早就被熏得发黄，满手的烟草味道。我们劝他戒过几次，根本戒不掉。后期爷爷的身体不好，还患了肺结核，常常咳嗽，这也和他常年抽烟有关系。

爷爷有什么好烟都留着、攒着，等家里来了客人再拿出来。他自己平时就买便宜烟和老旱烟混着抽。我小时候的印象中，爷爷最喜欢抽的是“大前门”，后来这种烟好像在抚顺消失了。在一次我去上海演出，看到那里有卖“大前门”烟的，就给爷爷背回了八条，爷爷很高兴呢。可我很少见他抽这烟，大多数时候还是卷他的老

旱烟。我问爷爷："给你买的'大前门'咋不见你抽？"爷爷说："我想掺着抽，这样能抽的时间长点。"

爷爷抽烟时大多数是沉默的,好像在想着什么。如果有什么想到的事情，他会主动问问我。大多数的事情是：

"你找对象没？要抓紧解决个人问题！"

"原来和你同屋住的小战友现在都怎么样了，人家都结婚没有？"

"你爸爸身体怎么样了，看病的钱够不够用？"

"他自己在家都吃饭吗，吃的啥？"

"房子的贷款还有多少没还完，还剩下多少了？"

……

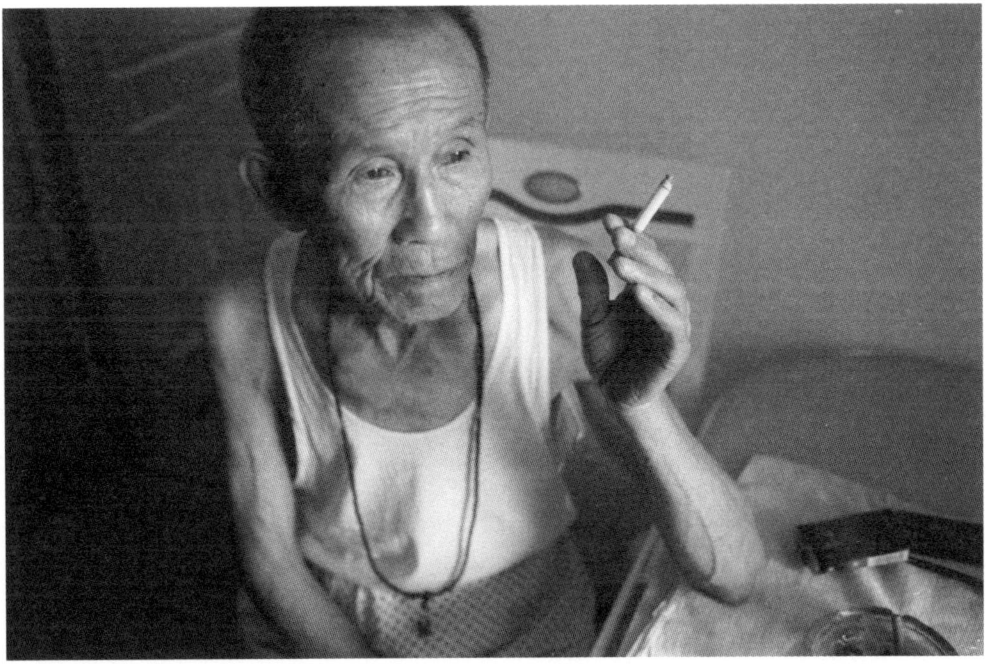

## 7. 最离不了是电视

爷爷谁都问，谁也都关心，赶上他想说话的时候，能和你聊上好一会儿，不想说话的时候就打开电视机，自己默默地看。有时候我看着正在看电视的爷爷，感觉我们之间好像被一个无形的空间阻隔着，他在空间的那头，只是静静地、静静地等待时间过去。

有时，我会主动陪着爷爷看电视，和他一起看他喜欢的新闻节目。爷爷是位老党员，特别关心国家大事。CCTV《海峡两岸》的新闻播送，是他每天必看的，还有辽宁卫视的《新闻正前方》、《大海热线》等，都是爷爷每天都关注的节目。看到电视里中央有号召，爷爷会积极响应。在春节的家庭聚会上，他严肃地告诫我们："今年过年，我们家不许放鞭炮！中央说了，放鞭炮会加重雾霾天气，影响环境卫生，我们就要从小家做起！"

陪爷爷看CCTV5是更经常的，爷爷喜欢看体育节目。小时候，我一放学回家，就要和爷爷抢电视看。"我要看动画片！"爷爷哄着我说："小勐尧，你就让爷爷看一会儿球呗，就5分钟。"结果不用说，总是我赢。爷爷就一边喝着小酒，一边陪着我看完了一整个暑假的美少女战士。那时候爷爷为了哄我开心，把家里的筷子磨细，手工给我做了一个"美少女战士魔法变身棒"。

后来，我发现爷爷还喜欢看音乐频道，动不动就对着电视里正在播出的《中华情》音乐栏目，拍着手哼起小曲儿。

爷爷不太喜欢看时新的电影，有些电视剧他倒是追得很专注。爷爷不认识什么明星，主要是剧情得吸引他，有时我回到家，他会

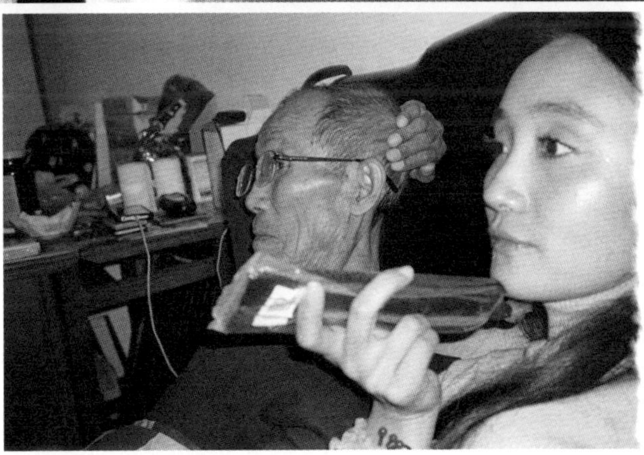

主动给我剧透又有哪些新进展了。

爷爷看电视，只会用遥控器的开关键和调台、调音量的功能，有时候不小心按到了什么，电视变成蓝屏或者没了影子，他就很着急，赶忙问我这是怎么回事。他总想学，可教了他好几次，也学不明白。

我发现爷爷总是忘记平时想看的电视节目在哪个频道，马上就要到节目播出时间了，他就着急地一遍又一遍地把所有频道从头翻到尾。我问他是怎么回事，他也不说。等翻了几遍终于找到他想看的节目时，播报时间也已经结束了。虽然这是件不起眼的事，可对于每天都自己在家的爷爷来说，看电视对他来说是可是一件大事啊。我灵机一动——给爷爷手抄一份电视节目单。我把家里的电视频道调到了1台，对应着的是什么卫视，把它抄写下来，就这样把所有频道都抄了一遍。我还把爷爷平时重点要看的频道台数，用双横线加重标注好。爷爷不会用遥控器直接切换到想看的频道，我又教会他怎么操作。爷爷拿着我给他抄写的“节目单”笑着说：“这下可方便多了，我孙女真聪明！”

我下次回到家，想给爷爷用一张硬纸重新抄写一遍电视节目单时，发现爷爷的枕边放着一张用两个塑封袋保护着的纸片。我好奇地拿来看，原来是我上周手抄的那张节目单。爷爷是怕弄脏了、弄坏了，给它加了保护层。原来我为爷爷不经意间做的这么一件小事，他都这样的珍惜。

我小的时候，爷爷总是让着我、哄着我，一转眼，爷爷好像慢慢地变回了小孩子，变得越来越需要我去保护他、照顾他了。我想这就是生命的意义吧，一代人长大了，一代人老去了，所谓生命的轮回也就是这样。

CCTV 7
50 CCTV 9
51 新疆卫视
52 西藏卫视
2014.3.23

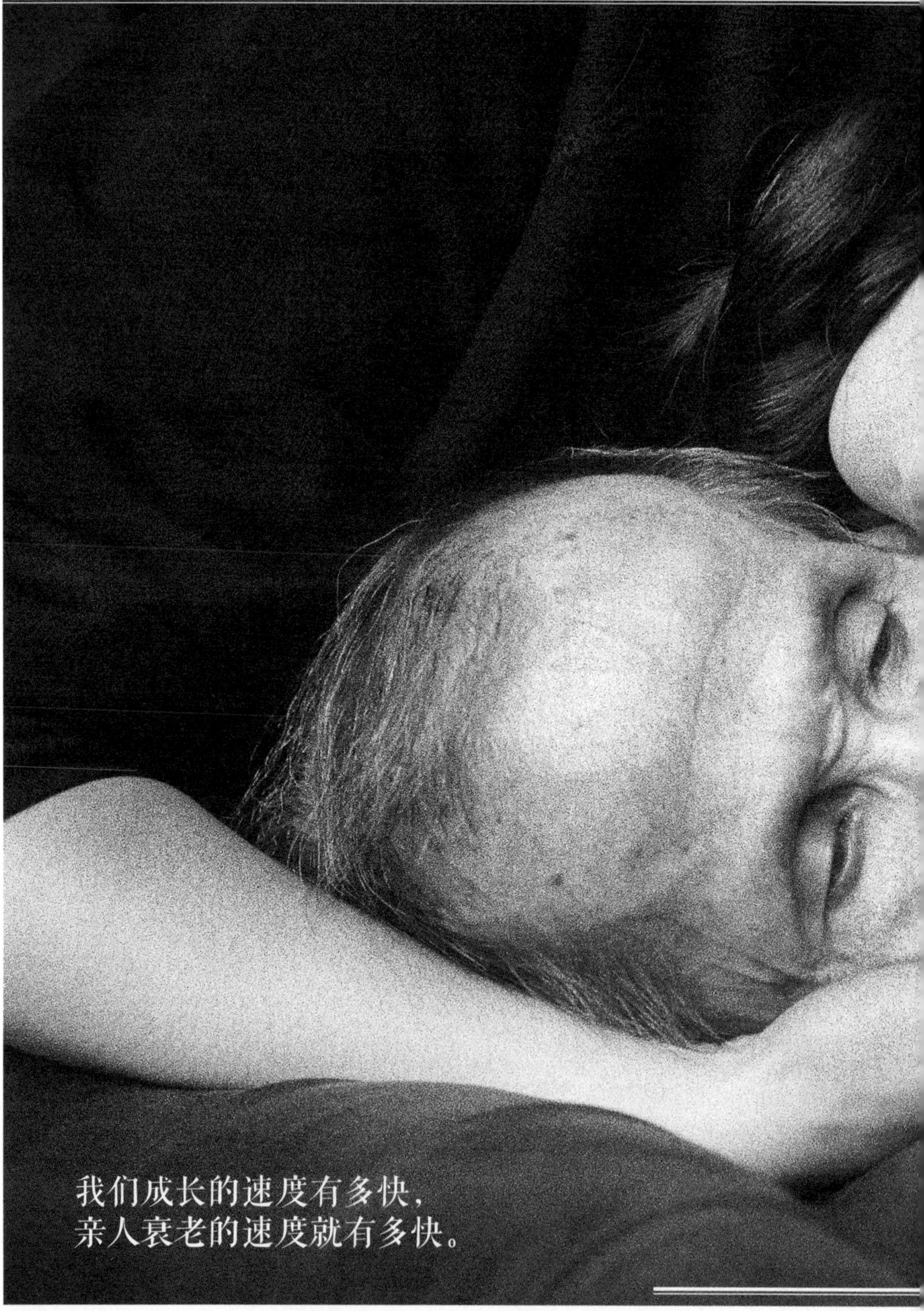

我们成长的速度有多快，
亲人衰老的速度就有多快。

我们成长的速度有多快，亲人衰老的速度就有多快。

老人衰老的速度，和孩子成长的速度差不多，只不过我们有了自己的生活和要去忙碌的事情，会忽略了他们变老的迹象。其实老人是应该比孩子更需要陪伴和呵护的，毕竟孩子是有未来的，是充满生命希望的，而老人燃尽了自己生命中所有能给予我们的东西，慢慢地凋落了，面对时间的无情，剩下的可能更多是对衰老和死亡的恐惧……

我体会到了时间是如此的无情，我要拿出更多的时间和精力陪伴爷爷。我知道有了我的陪伴，爷爷的内心会感觉到温暖，会更加勇敢地去面对衰老。就像过去我在文工团训练艰苦的那段日子里，在每一次害怕醒来的黑夜里，因为有爷爷带给我的爱与鼓励，才会勇敢地去面对未来，去迎接生命中未知的每一天。

## 8.爷爷的三部手机

2003年，辽宁开始流行用“小灵通”移动电话。那时我进入部队生活整整两年，封闭式管理让我对外面世界发生的和流行的知之甚少。我是在一次月末的家长探视中得知，我们全家人都用起了“小灵通”，连爷爷都不例外。爷爷的那部“小灵通”是红色的机身,蓝色的屏幕，一响起来声音特别单调，信号也不好，常常是正通着电话就没了对方的说话声。那原本是姑姑的，因为没有发短信的功能，姑姑就转送给了爷爷。

“0413—8836355”爷爷很认真地给我写下了他的电话号码，并告诉我：“以后给爷爷打电话就打这个号，保证24小时都能接通。”这部“小灵通”只能接打电话，相当于把自己家的座机电话缩小了带在身上。爷爷用了它好多年，非常珍惜。我总看见爷爷把他这部“小灵通”别在腰间，再用一个他自己拿钥匙环串成的“手机链”，绑在裤腰带上，防止遗落或被偷。这是爷爷的第一部手机。很快，各种各样的新型手机不断更新，“小灵通”被淘汰了。我也想过给爷爷换一部更新的手机，可他坚持用着这个已经掉漆的“小灵通”。

2011年的夏天，我用自己挣的500元钱演出费给爷爷买了一台新的“诺基亚1800”。记得爷爷收到新手机时笑起来的高兴模样，和小朋友收到新玩具时没有什么两样。我拍下了当时属于我们爷孙俩的这份喜悦。

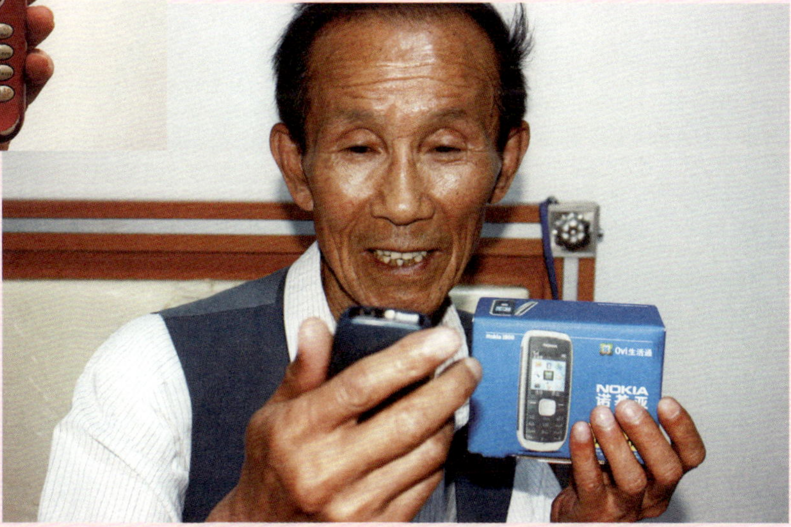

我教会了爷爷使用新手机的几项功能。我告诉他，这部手机拿起来小巧方便，没有太多繁琐的功能，很适合像他这样的老人用，最主要的是信号非常好，不会像“小灵通”那样，正说着话就没了声音。

我帮爷爷把他随身带的小电话本里的人员信息，一条一条地输到新手机里，并教会他怎样调出电话簿，不用每次拨打号码直接就能给熟悉的人打电话。

那段时间，我一回家，爷爷总会拿出新手机，问问我这，问问我那的。“怎么查话费呀？”“怎么给你爸打电话？”“怎么输入新的联络人呀”，很是虚心好学。实在有记不住的，就在纸上写下来，自己再按照说明反复练习。他在慢慢接受着新事物带给他的新鲜感和方便性。

后来随着爷爷的身体一年不如一年，眼睛越来越花，开始看不清屏幕和键盘上的数字了，也听不见手机来电时的铃响了。这部“诺基亚”手机小巧的优点，变成缺陷和障碍了。我建议给他换一部再大一点的手机。爷爷说：“不用，就凑合着用这个吧，反正我用什么都这样了，别浪费钱了。”

一次周末午后，我回到家，被爷爷很急地喊了过去。他要我去外面广场的长廊里看看，那个总和他一起聊天的“李爷爷”在不在？这位姓李的爷爷，是爷爷搬家后认识的新朋友，他们住的不远，很是聊得来。爷爷在家只要从窗户里望见李爷爷出来了，就拿着他的拐杖和坐垫也出门，找李爷爷聊天去。

我顺着长廊的方向看去，“李爷爷在那呐，我看见他了。”我大声告诉爷爷，合计着爷爷这是有什么要紧的事。爷爷对我说：“你现在就过去，去看看他的新手机，我也想买一个一模一样的。前天你李爷爷告诉了我一遍，我没记住，正好你今天回来了，问问他的手机是在哪买的，下午你就帮爷爷买回来，爷爷给你钱。”我一听笑了，原来爷爷相中了李爷爷的手机呀。

我跑去长廊，可惜李爷爷的手机没带在身上，只好下午带出来再给我看。李爷爷说：“这是我女儿给我买的，叫‘老年机’，手机屏幕和数字按键特别大，声音也特别响，而且不贵，才290块钱。那天你爷爷看完我的手机，就喜欢上了。”

看着没带回消息回家的我，爷爷不免有些小失落，他说：“没带就没带吧，还以为今天下午就能把手机买回来了呢。他那个手机特别好，字大，声音大，还能放好多的歌曲，我爱听他那里的二人转。”

没过多一会儿，李爷爷就拄着拐杖，走到我家的窗户前。他和我爷爷一样有脑血栓，走路还没我爷爷快呢。他从窗户护栏外把手机递进来给我看，告诉我卖手机的地点。

我马上打车去了市里，在柜台前和售货员反复确认无误后，买下了这款让爷爷期待已久的新手机。想起爷爷还喜欢听手机里的音乐，又买了一个8G内存卡，终于在傍晚前办好了所有的事情。回

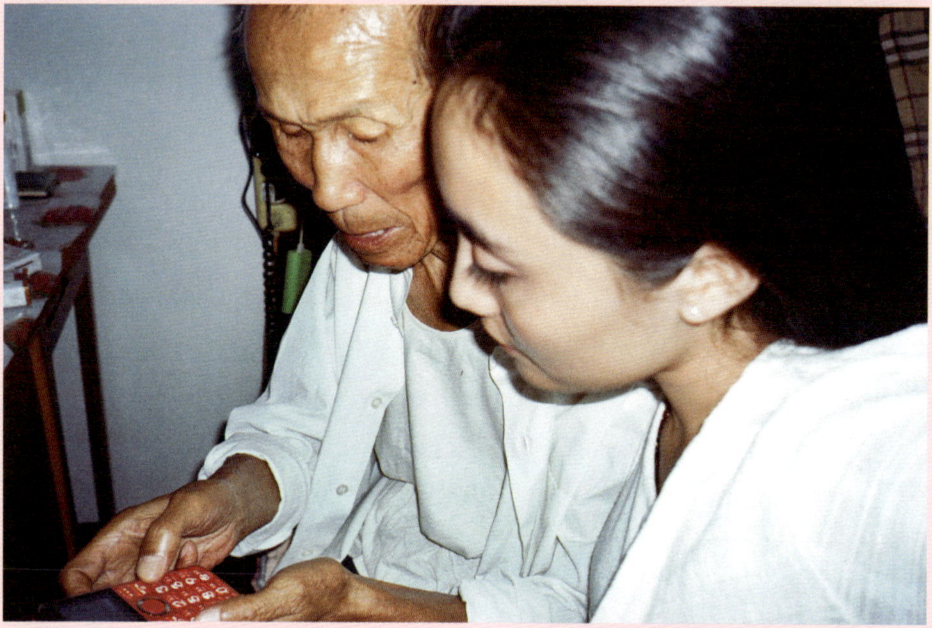

孙女
2016/11/26 17:49
爷爷我爱你哦～□□
孙女
2016/11/26 17:49
爷爷我爱你哦～□□
选项
返回

家的路上，我想着爷爷拿着新手机听曲的样子，不由得笑出了声。

回家后，我慢慢地教爷爷怎么用新手机。我发现，爷爷现在有好多东西已经记不住了。确认拨打电话的绿色按键，反复教他认了几次，可没一会儿就忘了。他自己在那合计了好一会儿，又问一次："按哪个键是打电话来着？"我就再给他讲一遍认清这个按键的方法："这和你之前用过的所有手机都是一样的，按键的位置也没有变，你只要记住绿色按键是接、打电话用的，红色按键是打完电话撂了或者不接电话就好了。"爷爷一直很认真地听我说，一面点头，一面又反复试，很努力地学着。我回想几年前教他用"诺基亚"手机的样子，他那时候学什么慢是慢点，可还能记住，现在就吃力多了。我只能耐心地一遍又一遍地教给他，记不住没关系，用笔记下来，慢慢试。终于，过了几天，爷爷熟悉了新手机，会用它接打电话了。

隔了一个星期后，爷爷可能是听李爷爷说会发短信的事了，等我回来后，也要我教他学发短信。他认真地问着我发短信的种种方法，按什么地方能进入短信功能，接到别人的短信该怎么查看……我反反复复地给他做着讲解和演示，他自己拿着电话，一边小声嘟囔着我刚刚教他的方法步骤，一边模仿我刚刚做过的样子实操。

"那如果我接到了你给我发来的短信息，我应该怎样查看呀？"我拿起自己的手机现场编辑了一条短信息，给他的手机发送过去……

看着爷爷艰难地在手机上按着键盘，我想起了许多年前爷爷曾经给我写的那些信，那些深深影响了我的文字，至今还历历在目。曾经给我写下那么多信的爷爷，如今已经提笔忘字，连写短信的汉语拼音都要在手机键盘上找上好一会儿。我知道，爷爷就算学会了用手机发短信，也没什么人可发，大概是为了图个乐呵，也想感受一下新手机的功能，也想多接受点新事物。后来学着学着，爷爷说他打字太费劲了，学习发短信的事没有成功，也就放下了。

给爷爷买了新的老年机后，总能看见他坐在床边，戴着眼镜钻研他的新手机。不一会儿，我这边的手机就响了，拿起来一看，原来是爷爷在练习打电话，不知不觉给我打过来了。后期在部队，我也常接到爷爷无意间打来的电话，接通后听不见他说话的声音。我怕有什么事，不敢撂下电话，静静地听上好一会儿。我听见电话那边，爷爷正在看的电视新闻里主持人的说话声，一会儿又换台了，变成了电视剧的声音，我知道爷爷那边没有什么事。再给他重新拨打过去，和他说刚才打来电话的事，他一无所知。

那段时间，爸爸和姑姑也总接到爷爷给他们打去的无声电话。还有的时候，爷爷会在电话里大声喊上两句：“喂，你在哪呢”“这周回来不”“你吃饭没”“你忙吧，不用特意回来看我”……后来我们意识到，爷爷是一个人在家实在没意思，就摆弄着手机给我们打打电话，他也是想听听我们的声音吧。

有段时间，爷爷看看我的“苹果”手机问：“你的手机能上网吗，是不是现在最好的、功能特别齐全的手机？”我告诉爷爷：“对呀，能上网，还能看电影听音乐。”爷爷问：“能看电影？咋看呀，我能看看吗？”我就把手机里的电影调出来给爷爷看。我们还常常在我的手机上欣赏过去拍过的照片，爷爷会加以点评：“那张好……这张要是我当时的表情再好一点就好了……我现在就是太瘦了，不好看了。”看到我们拍的黑白照片时，爷爷会认真地说：“拍黑白照片，我最有经验了，我年轻那会儿黑白照片拍老多了，有得是。那时候没有彩色胶卷，好多彩色照片其实都是黑白照片用颜料手工上的色，画上去的。”“这拍黑白照片，要穿颜色深一点的衣服，效果拍出来才好，记住爷爷说的话，这是爷爷总结出的经验。”

爷爷有时候拿着我的手机，端详着看，问我：“你这个电话我能用吗？”我说：“可以呀，你喜欢就给你用。”我教了爷爷几个简单的划屏浏览。爷爷自己鼓捣一会儿，问我：“这电话怎么没有按键，我要怎么打电话呢？”我告诉爷爷：“现在的手机大都没有按键的，要是想打电话，直接在屏幕上点那个电话一样的小图标就行。”爷爷似懂非懂地看着手机屏幕，小声嘟囔着：“用不了啊，用不明白，还是先把我的老年机学着用好吧。”他内心里也是很想接触新事物的，想与这个社会接轨的，可是已经老去的身体，限制着他去做很多事情。

他内心里也是很想接触新事物的，想与这个社会接轨的，可是已经老去的身体，限制着他去做很多事情。

# 五

## 陪伴

## 1. 带着爷爷“玩”

在我陪伴爷爷的过程中，不全都是伤感和无奈，也不只是平静和沉默，还有很多的欢趣和恬适。

东北的冬天很冷，从我有印象起，爷爷晚上临睡前，都要在脚底下放个暖袋，暖被窝。最早是用开水灌的玻璃瓶，后来是胶皮热水袋，再后来是插电一分钟的“热得快”。那种“热得快”很重，又很爱坏，有时忘记拔电，自己就烧坏了。最后发展成现在常用的插电暖宝。爷爷自己买东西总是图便宜，他用的暖宝，据他自己说是在家附近的土产小店里花20块钱买的，还不知道他打没打“埋伏”。

我在辽宁电视台的新闻栏目里看到：一位沈阳市的独居老人图便宜，在土产店里买了插电式的暖宝，结果在家里爆炸了，造成几级的烫伤。我想这不就和爷爷差不多吗。万一哪天家里的暖宝也爆炸了，后果不堪设想。第二天上午，我去抚顺商场里正规卖插电暖宝的柜台，给爷爷买了一个超级可爱的暖宝，有着可爱的猫头鹰的萌样，好像在煽动着肉肉的翅膀说：“用我吧，用我吧。”这个暖宝身上有着毛茸茸的保护套，以免内袋过热烫伤皮肤。我把这个萌萌的暖宝送给了爷爷，爷爷很是喜欢，笑着夸奖我会买东西。看着他像小孩儿得了新玩具一样欣喜，我也高兴地给爷爷拍下了这张照片。

因为这个暖宝宝的经历，我后来习惯管爷爷叫“宝宝爷爷”。我觉得爷爷越老越像小孩儿，他需要人哄，需要人陪，有时候哄一

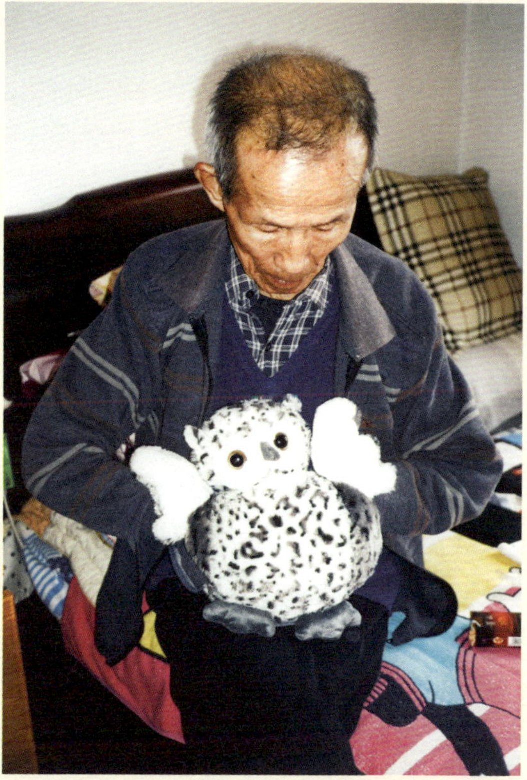

● 我对爷爷说："你以后每天就用这个暖宝啊，你抱着它的时候就会想到我，就好像我陪在你身边。"爷爷高兴地答应我："嗯嗯，好，我会用的。"看我一直笑得开心，爷爷说：我也给你拍张照片吧。这张照片是爷爷给我拍的，也让我特别喜欢。虽然我当时嘴角起了泡，不能笑得太灿烂，但也掩盖不住眼神里的喜悦 <(@￣︶￣@)>

哄也会变得很“乖”，这就是人们常说的“老小孩”吧。

在陪伴爷爷的过程中，我也变得乐观开朗起来。既然我无法阻止时间的流逝，也无法阻止爷爷的衰老，我就要乐观地面对这人生中的种种必然，我要用生命中的正能量，驱赶生命终会逝去的灰暗和阴霾。在一切都还可以的时候，多给爷爷和我的生命里留下灿烂和美好的回忆。

我开始积极主动地带着爷爷“玩”了起来。

我们时常会在拍照的时候逗趣，带动爷爷活跃起来，就像我小时候，爷爷爱在我吃东西或者看动画片的时候逗我玩：“勐尧！快看爷爷。”然后他手舞足蹈地做个搞笑的造型，逗得我哈哈笑。

有时候，在和爷爷拍照片之前，我会先给自己化点妆。爷爷一面等着我，一面好奇地探过头来问：“你这是干啥呢？”“我化点妆，这样会显得气色好看。”爷爷看着我说：“那也给我画点呗，也显得我气色好看点。”在给爷爷化妆的同时，我抓拍了这个瞬间。看，爷爷配合着我教给他的样子，画起了我的染唇液。

冬天我们那冷，爷爷就很少出门了。长时间圈在家里，他也闷。赶上下大雪，外面空气格外清新。有时候雪大天冷，树枝上落满了雪花，形成银色的树挂，是我们那的一景。爷爷也跃跃欲试地想出去看雪景。我就帮他穿戴缓和，扶着他到楼后的小广场转转。妈妈有时也会开车过来，拉着爷爷沿着浑河看雪景。

年青人爱美食，爱呼朋唤友地尝遍特色餐厅，其实也可以带着老人一起去。周末回家的时候，我常带着爷爷走出小区，到更远的地方溜达。我常请爷爷下馆子，一般是我听说了哪有家好吃的饭店，就带爷爷去尝尝。爷爷最喜欢去吃参鸡汤，那是家朝鲜风味饭店的美食，一锅汤里有一只小鸡，肚子里填满糯米、大枣

和人参，鸡肉炖得很软烂，味道也比较清淡，爷爷喜欢喝汤。我俩去小店吃上一顿，再慢慢溜达到公交车站回家。日子虽然平淡，但惬意舒适。

陪伴，远没有想象中的那么难，它就在生活的细微中，看你是否真的用心去做了。我想，在老人健在的时候，陪着他们度过欢乐时光，对于我们做晚辈的来说，就是平淡生活里最幸福的事了。

有时候觉得，我和爷爷既是亲人，也是朋友。我和爷爷之间无话不说，无话不聊，相互信任，没有秘密。当我遇到了感情问题，自己解决不了时，我会告诉爷爷。我和初恋男朋友都是单亲家庭，这让我对待这段感情没有信心，内心矛盾。这个困扰我的问题，又没法去和妈妈或爸爸说，也怕让他们觉得，他们的分开对我有着伤害和影响。我和爷爷哭诉着自己的担心和怀疑，爷爷把这事沉沉地放在心上，劝慰我说："父母是父母那一辈的事，任何事情都不应该总看着过去。如果那个孩子是个优秀的，爷爷觉得他的家庭一定不会有什么大问题。就像你一样，虽然爸爸和妈妈分开了，孩子还是个好孩子，爸爸和妈妈也从来没有因为分开，停止过对你的爱，所以要懂得感恩啊。谁说两个都是单亲家庭的孩子，在一起就不能幸福了？"我们彼此信任，有什么事情都会给对方保密，从不说出去半句。在这一点上，我和爷爷的亲，是爸爸和妈妈比不了的。

## 2. 醉花间

小时候，爷爷常带我去三姑奶家玩。三姑奶家住在离抚

● 这张照片是看见雪后的爷爷，虽然走路小心翼翼的，但能感觉到他兴奋的精神头。我和爷爷说，我们很少在冬天下雪的时候拍照片，今天要不要拍一张？他说：“好啊，把咱们家和后院下完雪的样子都拍下来。”

顺劳动公园很近的地方，沿途路过浑河。春天的时候，公园里和浑河边开满了梨花，大片大片的，我特别喜欢。爷爷会给我折下几枝带回家，养在水里。路上他细心地用纸巾把花枝包好，以免手心的热气加速花儿的颓败。

2011年5月的假期，我陪着爷爷去医院看他的眼睛，我们又一次路过曾经看花的河堤，正值春天，花开正艳。我想起了小时候爷爷带着我在这里看花的景象。这些景色现在还在啊！还好爷爷依然在我身边。虽然我已经长大了，虽然爷爷也正在慢慢变老，但我还有很多时间对他好，只要我能好好珍惜以后的日子。那段时间，我喜欢听美国电影《面纱》里的那首法语歌曲《A la claire fontaine》，翻译过来意思是“我爱你已久，永不能忘”。我觉得这首歌也唱出了我对爷爷的感情。在我的生命中，爷爷深深地爱着我，我也爱着爷爷，这样的亲情，怎么舍得在漫长的岁月中就把它们慢慢遗忘呢。

这以后，每年到了春天，我都会和爷爷去看花开。看花是一件

● 一张是7岁时的我和爷爷，一张是27岁时的我和爷爷，我手里都拿着一束小花。20年来一瞬间，却悄悄调换了我和爷爷在照片中的位置。

夕阳要落山的时候，把家楼前的树影照得迷离梦幻，爷爷手上拿着我刚摘下的花儿看着，我闻了闻花香，一张金色照片就拍下来了。闻到的花的味道、爷爷手上的温度，因为这张照片也记住了。

● 我一直都在爷爷心里

很浪漫的事，一般是情侣们一起做的事。可谁说这世间的浪漫美好，不能和自己的亲人、长辈去分享呢。我拍下了许多在春花盛开时和爷爷在一起的照片。

夏天的时候，爷爷家后院两边的花丛里，开着许多野花，有一次我回家，看见盛开的葱花好喜人，就顺手摘下一枝，想送给正在人群中的爷爷。我远远地走过去，爷爷正和李爷爷聊天，就是前面提到的那位率先使用“老年机”的李爷爷。是李爷爷先看见了我，告诉爷爷：“看，你大孙女回来了。”我把一直藏在身后的葱花拿出来：“爷爷送给你。”爷爷接过我手里的花，看了看，乐呵呵地说：“谢谢，谢谢”，很有学校领导的风范。看来，赏花不一定非得海棠牡丹，花不在贵，开了就行；香不在多，有点就成。

我想把这个美好的场景拍下来，可惜没带三脚架，就把小相机放在对面的长廊架上。摆相机的时候，李爷爷羡慕地对爷爷说：“看你孙女多好呀，总要和你一起照相。我的小孙女都不咋爱搭理我，家里有什么聚会，好不容易能拍一次家庭合影，她也离我远远的。老石头可真有福气。”当我按下自拍倒计时后，李爷爷还特意往旁边让了让。我对李爷爷说：“没关系的，拍到了也没事，我们一起来合张影。”于是便有了这张照片。爷爷很神气地拿着我刚刚送给他的一朵葱花，我依靠在爷爷的身边。李爷爷的表情也非常好，认真地看着镜头。我们三个人在周末的午后，一起拍下了这张充满着生活气息的照片。

## 3. 午后的粉墙

如果有人问我，什么时候是人生中特别难忘的幸福时光，我想是在夏日里阳光灿烂的午后，爷爷和我在家后院的广场上拍照片的那些日子吧。阳光那么灿烂，把整个的广场照得温暖、安静。现在回想起来，爷爷好像永远都会坐在那里向我招着手，对着我盈盈地微笑。

爷爷很节俭，我印象中他穿过的衣服都是能数得过来的。他那件马甲穿了好多年，有的地方已经磨破损了，他还是继续穿着。我们也给爷爷买新衣服，他都不舍得穿，要不就送人。铁岭农村老家来了亲戚，爷爷就把新衣服拿出来让他们带回去。爷爷说，我这么大岁数了穿什么都一样，老家的亲戚们生活困难，来一趟也不容易。

节俭归节俭，爷爷穿衣服还是有他的风格和审美的——整齐简洁。爷爷爱穿的马甲，我从小到大总见他穿，马甲里面白衬衫的上衣兜里，常揣着半包香烟。

我对爷爷穿的马甲和白衬衫，有一种特别的亲切感。有时候我帮爷爷整理衣服时，还会穿上他的马甲或者西装，站在镜子前试一试，照一照，让爷爷给我拍几张照片。爷爷还把他的新马甲送给了我，让我留着做纪念。

那次我从沈阳回来，走到楼前看见爷爷在小广场上正和街坊们聊天，人群之中，第一眼就认出了爷爷。他穿着那套标配的衣服——上身白衬衫配西服马甲，下身牛仔裤，站在人群里总是最精神的一个。爷爷也喜欢穿牛仔裤，他穿的那条，是四年前我陪他一起买的。当时我突然冒出个想法，我也模仿着爷爷穿衣服的风格，拍一组爷孙俩的马甲系列“亲子装”照片。牛仔裤不是问题，正好我的军装礼服里就有一件白衬衫，马甲是爷爷送给我的，这不就能和爷爷穿得一模一样了吗。我兴奋地把这个想法告诉了爷爷。他一听，也觉得这个想法好，连连说："我们哪天拍啊？要不明天就拍？"可我的军装衬衣没有带回来，只能等下周回来，赶上天气好再去拍了。我想起爷爷家后院的墙壁是粉色的，阳光好的时候，会感觉那里的色调暖暖的，简直就是一块天然的背景布。于是，在此后整整一个星期中，我和爷爷都怀着满满的期待，希望下个星期六能够早点到来。

等我再次回到家，发现爷爷还为了这周的拍照特意理了发，显得更精神了，真是个可爱的"小老头"。我俩就商量起明天拍照片要准备的衣服。爷爷问我，他要不要特意准备什么。我告诉他，不用，就平日里的样子最好，平日衣服总是穿得立立正正，干干净净的，我的战友们还经常和我夸你呢，说你特别帅，感觉和别的老人不一样。爷爷听见我们夸他，笑得可开心了，但嘴里还是会说："帅什么呀，我都多大岁数了，老头子喽。"我们希望明天可千万别阴天，阳光明媚就好。

第二天一早，窗外的阳光照遍了整个小广场，知道今天一定是一整天的大晴天，我和爷爷都放心了。上午和中午的光线太强，拍照片的话会曝光过度，所以我们选择在下午2点左右出门。

出门前，我一直在纠结到底是散着头发好，还是把头发编起来好。爷爷给我建议：你平时都是把头发散着拍照片的，今天要不就编起来吧，编两个小辫子。我觉得这个主意好，就听了爷爷的建议。爷爷说："我们年轻的时候啊，总见着身边的女同志编这样的辫子，很久见不着这样的发型了，现在的年轻人也都不怎么梳辫子了。"我呵呵地笑："哪有年轻人喜欢梳两个辫子，感觉像歌里唱的小芳。"

临出门前爷爷不忘戴上他的眼镜，他说："拍照片的时候，我戴上眼镜也拍几张，这样显得我更精神。”对了，还得带上爷爷的折叠凳，拍累了，有个小凳坐哪都方便。于是我们两个人高兴地出了门。

到了家后院，爷爷像往常一样，先去长廊坐一会儿，和街坊们聊聊天。我就去粉墙那边看一看环境和光线。反正有一下午的时间，可以慢慢找感觉。我环视了一圈，发现后院的粉墙都被各家用防护栏围上了，这样拍出来的画面会很乱。我正犯愁，刚好走到楼头最后一家窗前，这家的窗外没有围护栏，淡淡的粉色花斑窗帘与墙外的颜色刚好般配，窗帘随手遮了一半，仿佛透露出这家人对生活美好的向往。

我兴奋地喊爷爷过来，爷爷就和街坊们道别，向我慢慢走来。我让爷爷在这家窗户下坐好，用三脚架固定好相机，调整相机和焦距的位置。就在这时，有一对常在家后院散步的老两口从我们身边路过，我在相机里看到爷爷热情地和他们打招呼。其中一位街坊和爷爷说：“老石头，又和你孙女照相呐。”爷爷一边招手一边笑着回答：“啊，是呀，我和孙女拍着玩。”我看着爷爷的状态和表情都非常好，既热情又自然，马上抬起头说：“爷爷，就这样，别动！”我快速按下了相机的十秒定时，赶快跑过去，站在爷爷身边。在我脑海中，已经有了一个完美的影像了。为了搭配爷爷正在招手的动作，我本能地做出一个舞蹈演员能反应出的造型，一个踢后腿的动作，于是就形成了这张照片美好的感觉——既轻松，又自然，整个画面也是暖暖的颜色。这也是我和爷爷都最喜欢的一张照片了。那一刻属于我们爷孙俩的美好下午，就定格在这张照片里了。

拍照的感觉出来了，我就趁着热乎劲，和爷爷多拍了几张不同造型的照片，基本上都是我配合着爷爷来设计的动作。

爷爷的反应也很快，有时十秒倒计时马上要到了，我下意识地告诉爷爷这张照片需要的表情和神态，比如“爷爷这张我们神气

● 我拉起爷爷的手，像往常一样逗趣地向爷爷噘噘嘴，爷爷看着我的样子微笑起来。

● 我看见爷爷脚底下很自然摆出的丁字步，也模仿着他的样子，站成了舞蹈演员的丁字步。我们俩神气地看着镜头，故作严肃，想笑又没笑，拍出来的样子，真是好玩极了。

点！”爷爷会马上直起腰，表情里带着点严肃，又有着点神气的俏皮劲。

这组照片冲洗出来后，被很多朋友和同学看见了，都夸赞说，拍得太好了，比影楼的感觉都好，自然又充满了欢乐。大家都说爷爷简直是一位专业级的模特，面对镜头一点也不怯场，笑得还自然，是又帅又可爱的爷爷。我回到家后，把大家的反馈告诉了爷爷，他特别开心，告诉我说："那下次拍照片，我一定还能表现得更好！"

因为这组照片的成功，也让我和爷爷更加深了拍照的配合默契，更增添了对这种玩一样拍照的兴趣。因为拍照片，我和爷爷的生活好像偶尔会被点亮了一下，平淡的生活原来可以通过对它的热爱和点缀，变得更有乐趣和亮点；因为拍照片，让我和爷爷都对它有了期待，这期待本身也是一种对生活的向往；因为拍照片，让我和爷爷之间有了更多的互动，相互商量提建议，说出自己的想法，我俩都是这些照片的参与者和创造者。

因为这组照片的成功，我也爱上了这面粉色的墙。我每次回来，只要是爷爷想去外面散步了，我就顺手带着三脚架，赶上阳光好时，就坐在我们的"老地方"拍上一张。

这次我想试试往另一个方向拍，拍下整个的小广场。这就是爷爷生活的地方，虽然不大，也是一方小天地。

拍照片的瞬间是短暂的，可之后每次再看这些照片，回忆起的欢乐却是长久的。我感受到在拍摄这些照片的过程中，爷爷好像也变得有了活力，变得年轻了。我相信通过这种方式陪伴爷爷，他也能从中得到许多欢乐。看着爷爷快乐的样子，我自然更是快乐的，也许这些照片才是留给我们彼此最好的礼物。

● 每次外出拍照片，我都习惯随身带一个小镜子，也是为了随时能看见自拍时的构图画面，这也是我拍照片时发现的一个小聪明和小技巧。那天我和爷爷拍完照片后，坐在广场边的凳子上休息，爷爷抽着烟，看着远方，身前的桌子上正巧放着我的小镜子。我看见自己拿着相机的影像折射在爷爷胸前的镜子里，就好像我被爷爷装在他心里一样。我拍下了这张照片。爷爷看见我正在拍他，就把手里的烟熄灭了，冲我招着手，爷爷的笑容里写满了温情和对我的疼爱。我也模仿着爷爷，和他做着相同的动作，让这张照片里的我们看起来心心相映。

● 收工喽，手拉手回家

## 4. 熊猫尧尧和宝宝爷爷

在我和爷爷拍照片的过程中，也不全都是开心和快乐的，我们也有意见不一致、不统一的时候，那我俩也会有小生气的时候了。比如下面这张照片：

这是在2016年9月的一个下午，天有些阴了，本来定好要在这天去外面补拍一些上次觉得不完美的镜头，可爷爷说："天阴了快下雨了，今天我不去外面拍照片了。"我说："可天气预报说晚上才下雨呢。"爷爷闹起了小孩脾气："就不去，今天就不拍了。"已经梳好了头发、化好了妆的我也闹起了脾气，和爷爷犟了起来："明明都定好的事了，爷爷你怎么说反悔就反悔呀。"我坐在床上嘟起嘴来，我俩半天谁也不和谁说话。我就在那"哼哼"，爷爷一会儿看看我，一会儿抽抽烟，然后又看看窗外，就当没事人似的。

我把本打算拍照片要用的熊猫帽子戴在头上，给自己解闷儿。这个熊猫帽子是有一年我在北京解放军艺术学院的舞蹈编导培训班学习，去后海玩的时候看见的，见它毛绒绒的样式可爱，就买下来，后来回家时戴着它给爷爷看，逗爷爷开心。不能去外面拍，我就拿出相机，放在窗台上，拍下了这个特别下午的一幕。拍完照片之后，外面竟然下起了雨，看来听了爷爷的话还是对的。不一会儿要吃饭了，我和爷爷又和好如初了。

过了几天，我和爷爷再一次到外面小广场上，拍熊猫帽子系列照片。我称自己为“熊猫尧尧”，称爷爷为“宝宝爷爷”。我们为了搭配这次拍照的主题，风格也转变为“可爱风”。因为这顶熊猫帽子的出现，给我们的照片添加了更多的欢趣。这也让我回想起小时候，都是爷爷带着我玩，哄我笑；现在我长大了，也在用我的小女孩方式，带着爷爷玩了。

在我的内心里，无论自己长多大，回到爷爷身边时，感觉永远都是一个小孩子。回到爷爷身边，就回到了真正的家。爷爷在哪，家就在哪。虽然我慢慢地比他高了，慢慢地变成熟了，但我希望和爷爷在一起时，永远都是爷爷不用长大的孙女，更不用假装很成熟，是一个永远都在过儿童节的小女孩。

● 真希望回到爷爷还能够抱得动我的小时候，哪怕只是停留在照片里呢

## 5.亲亲爷爷

我曾经是个很胆小自卑的小孩，是那种走路都会低着头，睡觉必须蒙在被子里才能睡着的。是爷爷的关心和鼓励，让我敢抬起头走路，也慢慢找到了自信心；也是爷爷的爱，让我觉得我并没有别比的孩子缺少些什么。我就是这样依赖着爷爷。

在部队后期，每周六只允许休息一天，折腾到家待不到半天，就又要折回部队报到。离别的时候，我舍不得离开，总是想多抱抱爷爷，亲亲爷爷。爷爷总是说："我都好、都好，不用惦记。你忙，就好好忙好自己的事，不用刻意回来看我。我没事，家里都好。"

我对爷爷的感情，没有传统意义上的一些规矩和束缚，我觉得和自己最亲近的家人，可以抛开一些束缚。我常爱拥抱亲吻家人，这也是我表达爱的一种方式吧，拥抱和亲吻本身就承载着许多爱，包含了内心里深深的感情。

我会拥抱和亲亲爷爷，是源自内心对爷爷的爱。我爱爷爷，我觉得，爱就要及时表达出来。我的这种方式，也许在很多人眼里，觉得和老人家有些过于亲密了，觉得"过分"了，很难接受。也许有人觉得，老人更应该处在家中一个很高的位置上，被叩拜和尊敬。但我觉得，爱和尊敬的方式有很多种，每个人的成长环境和生活经历不同，选择的方式也会不同。对我来说，爷爷在很多时候就像我的父母亲一样，我们在和爸爸或者妈妈亲昵的时候，可能就不会觉得有什么"过分"的感觉了。

我们还是小孩子的时候，特别需要大人们的亲昵。我觉得人老了，越来越像个小孩了，同样需要我们的呵护。他们老了，要的一定是晚辈和他们保持那种尊敬的距离感吗？

● 赖在爷爷肩膀上

我会拥抱和亲亲爷爷，有时候是觉得爷爷可爱，有时候是觉得爷爷需要。我用这样的方式对爷爷说，并不是他老了，我就会嫌弃他；并不是他老了，我就要和他保持距离。我是他一手带大的，我和爷爷之间是没有性别之分的。我的每一次亲吻，都包含了我内心里对爷爷的感恩之情，感恩爷爷对我的养育之情。

拥抱你，
就像拥抱整个世界

● 祝爷爷生日快乐

● 在路上和爷爷谈心，爷爷告诉我：不要忘记，生活总是充满着阳光。

# 六

# 照 顾

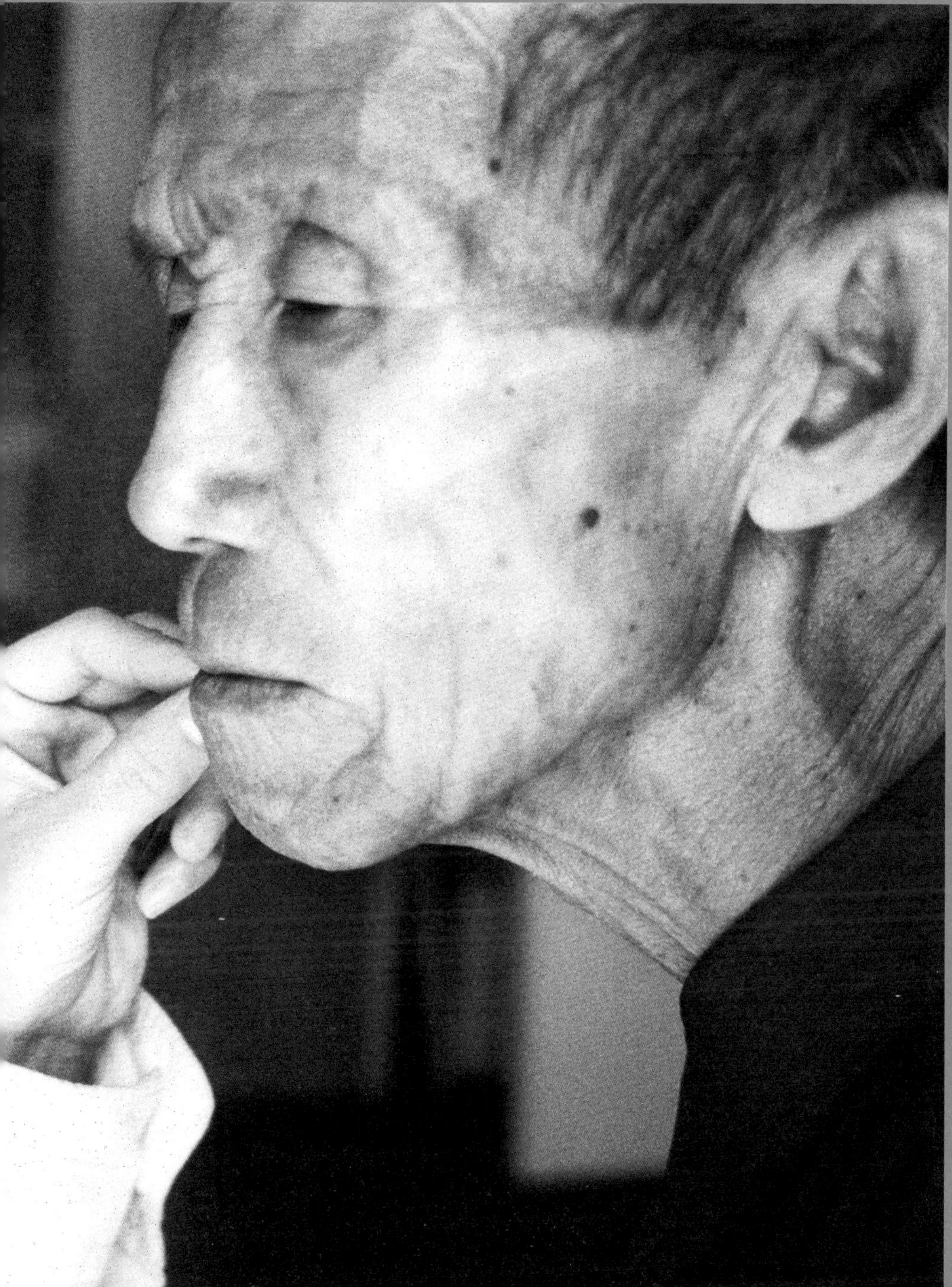

## 1. 清理"门面"和"死角"

随着爷爷的年龄越来越大，生活自理慢慢出现问题。

爷爷无论多老了，依然注重外表的整洁。过去爷爷都是自己修剪鼻毛，梳头发，掏耳朵，也是自己用小镊子拔胡子。看他自己处理这些日常小事情，我会说："我来帮你弄吧。"爷爷总是说："不用，我自己能弄好，还没到用你帮我的时候。"可现在，爷爷开始看不清楚了，手里的小镊子也总是颤颤巍巍、不听使唤了。

一天下午，坐在床边照镜子的爷爷，忽然把脸伸过来，对我说："勐尧，你看爷爷的胡子，是不是有几根长出来了？你帮爷爷揪一下吧，我看不清了。"他的神情，显得着急又无奈。我顺着光线看，他瘦瘦的脸颊，塌陷下去好一大块。我接过了镊子，帮爷爷把新长出的几根胡子都拔出来了。看着他当时无助的神情，我拿起手边的相机，拍下了给爷爷揪胡子的这一幕。

我觉得，爷爷越来越需要身边能有个人照顾他，我虽然身在部队，不能时时刻刻在他身边，但也是时候该轮到我来照顾爷爷了。

从那时起，我开始帮爷爷整理他的个人卫生。他要出门见街坊邻居，我会主动拿起木梳，给爷爷梳理一下他原本就不多的头发。我会每周检查他的耳朵内外。有时候爷爷耳朵里和耳框周围会生出许多代谢下来的薄皮，我让他躺在我的腿上休息一会儿，我拿棉签慢慢地处理干净。我知道爷爷怕疼，每次给他掏耳朵的时候，都会格外小心，也格外细心。我一边掏一边告诉他："别害怕爷爷，我轻轻地帮你清理，保证不会疼的。"爷爷每次都会很乖地等我处理好。

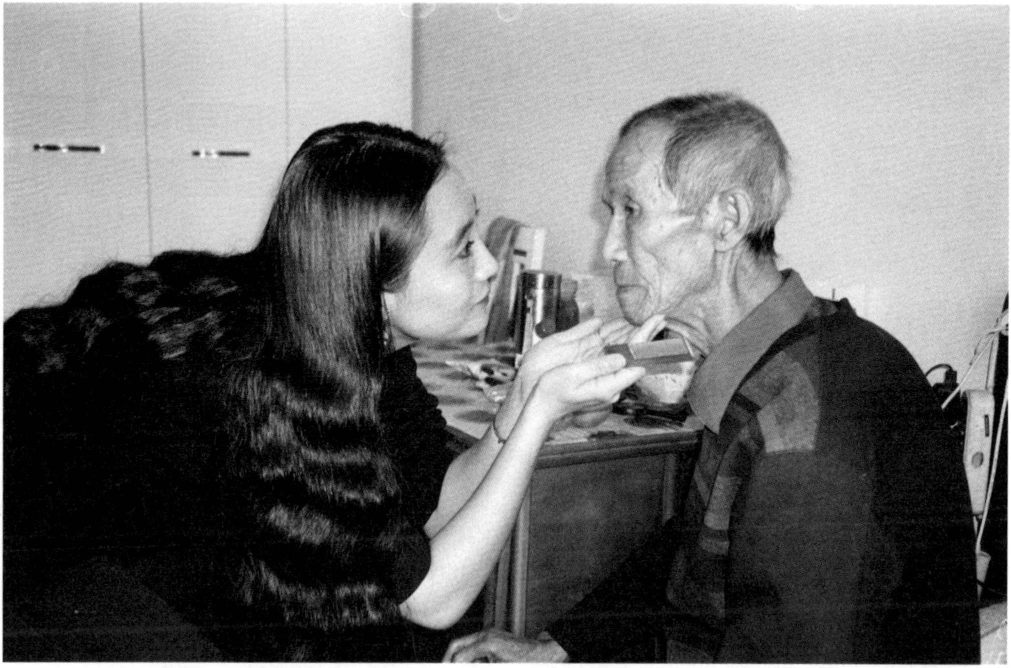

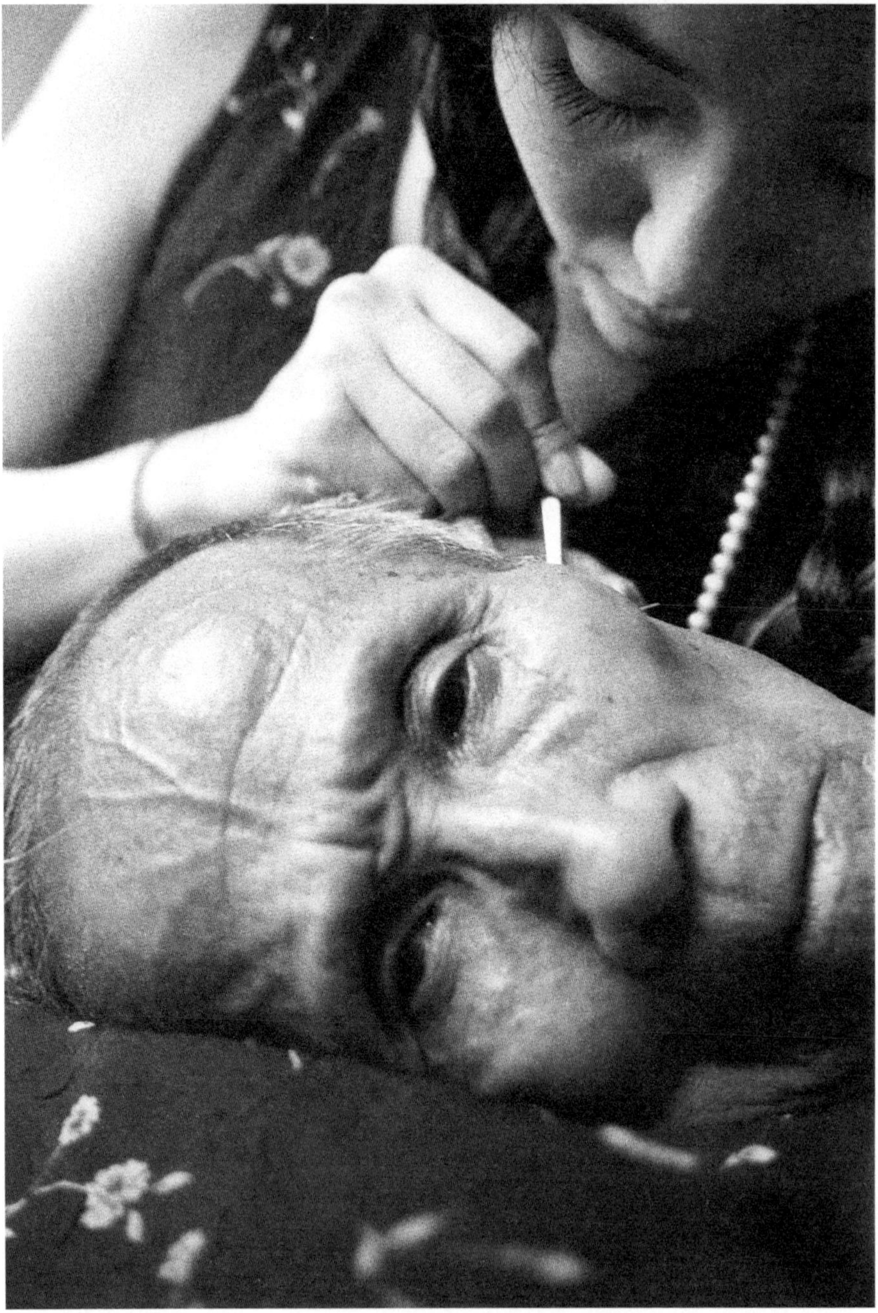

## 2. 手艺超过了专业修脚师傅

有一段时间，我陪爷爷散步的时候，总听见他说脚疼，疼了好几天了。我问他是不是磕碰到哪了，他说也不是。我就帮他看看脚底下到底怎么了。开始，脱袜子的时候爷爷都不让我上手，大概是怕我会嫌弃他。我安慰他说："爷爷我不怕这些，我小时候，连尿裤子都是你给我洗的，你都不嫌我，我怎么会嫌你呢。"经过几番安慰，爷爷没有了顾虑。我看见爷爷厚厚的脚指甲，已经长得翻到肉里去了，而且扎得很深，走路能不疼吗。我去买了一把专门修脚用的修甲刀，帮爷爷慢慢地修剪。开始怎么剪也剪不动，我想起了妈妈的话，用热水加些白醋泡脚，等脚指甲泡软后再剪就容易了。我打了一盆热水，给爷爷好好地洗了洗脚，顺便也给双脚和双腿做了按摩。过了一会儿，我们再试着剪，果真脚指甲变软了，我慢慢地剔出了好多已经扎进肉里的厚指甲块。

清理完，我让爷爷试着再走走看。爷爷下地走了几步："真的好了，没有原来那么疼了！还是小勐尧有办法呀！"看着爷爷解除了痛苦，我也特别高兴，原来我为爷爷做的这么一点力所能及的事，能让爷爷受用这么大。

这些照片并不是刻意拍下来的，我需要用它们给自己提个醒：不要忘记，爷爷曾经就是这样细心并且耐心地把我照顾长大的，现在他老了，需要更多的照顾，多花些时间照顾他，爷爷需要我。

有了上次修脚的经验，我每次回家，都帮爷爷看看他脚上的情况，需要了就修剪一下。有时候爷爷还会主动和我说，他脚这几天又感觉到疼了，让我帮他看看。从刚开始的排拒到现在的接受，爷爷也依赖我对他的这种照顾了。我给爷爷修脚时，他会和我聊聊天，问我的情况，有没有谈恋爱啊，对未来有没有什么打算。有时

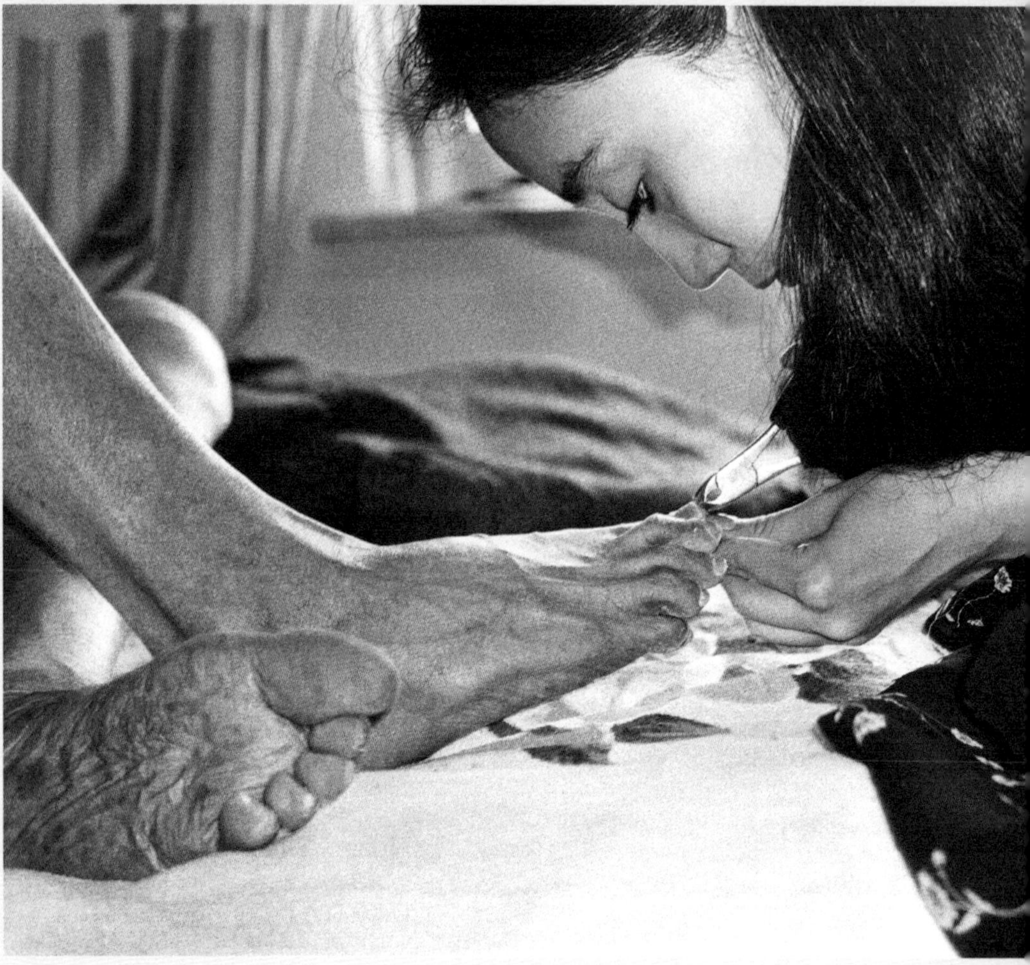

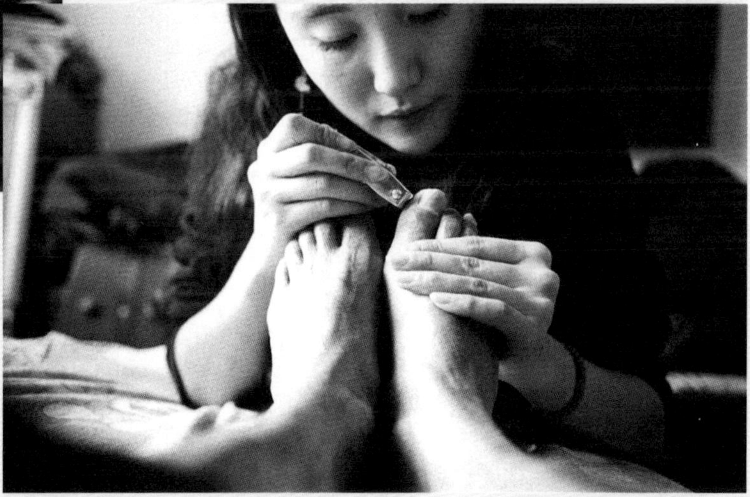

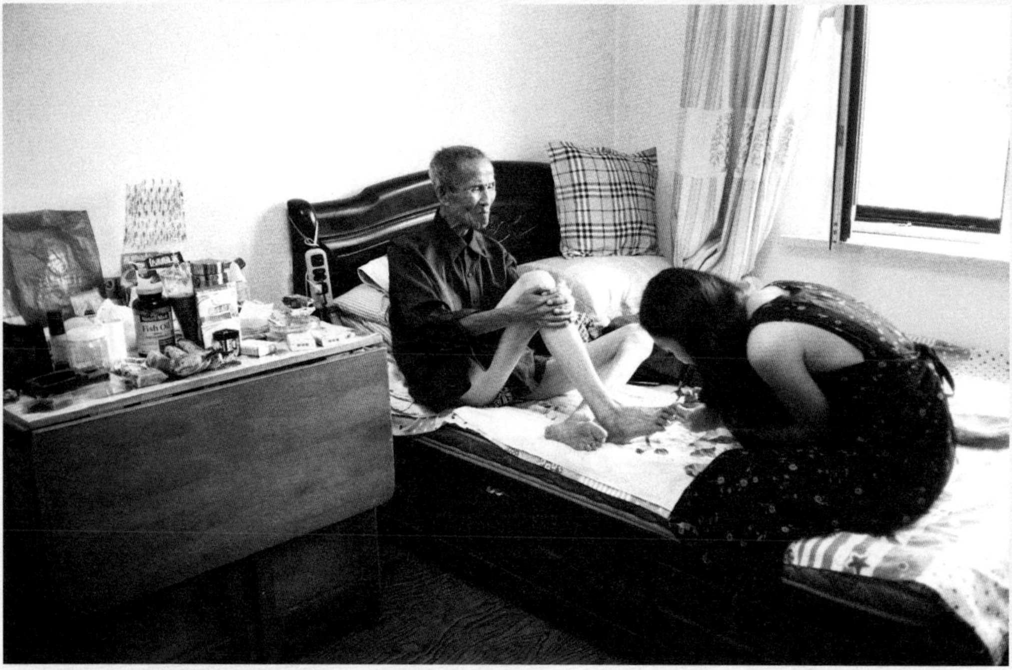

候，他还会拿起桌子上的照相机，给我拍张照片。这张照片就是爷爷给我拍的，用他的视角记录的瞬间，这也让我非常喜欢。

我也有笨手笨脚把爷爷弄疼的时候，这张照片就是。爷爷在洗完澡后，我就帮他开始修剪，没想到指甲刀一下子挖得深了，把他弄疼了。有时候，我也会告诉他要稍微忍一下，因为指甲长得深了，多少是要连带着点皮肉的。

后来，我也怕给爷爷修剪得不够好，让妈妈开车带着他去抚顺专业的修脚店。没想到修完了，爷爷悄悄地告诉我："还没有你给我弄的好，他们修的就是糊弄，没有你给我修剪得细心。"听完爷爷的话，我也更有信心照顾好爷爷了。凡事只要是你用心去做，结果是会令人满意的。

## 3. 帮爷爷洗澡

在洗澡这件事上，爷爷非常不愿意麻烦到任何人。

小时候，我每天都会在家里的大铝盆里洗个澡。那时候家里没有淋浴，洗澡也很不方便。爷爷每天坐好两壶开水，兑成温水，亲自给我洗个热水澡后再让我睡觉。后来我长大了一点，爷爷就带我去家附近的大众浴池，临分手时还嘱咐我自己进去洗澡的注意事项：“别着急，别滑倒，后背搓不到就花钱找阿姨帮你搓，爷爷就在门口等你……”

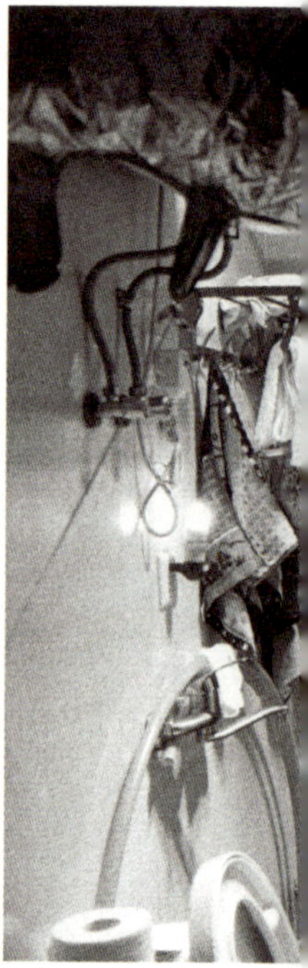

好多年过去了，爷爷早已经不能去大众浴池洗澡了。他自己去不安全，人家也怕担责任，不愿意让年龄太大的人进去洗澡。家里安装了浴霸和热水器，冬天时爷爷就在家里半个月洗一次澡，夏天一周洗一次。有几次，我见爷爷拿着凳子走进浴室时，走得很慢，很费劲，我实在不放心他一个人在浴室里，总怕他滑倒，问他自己在浴室里能行吗，要不要我帮忙。爷爷都说：“我没事，我自己可以。”

有一次，爷爷在浴室里洗澡，我在外屋整理相机和三脚架。我时不时地问问他在浴室里的情况。我喊了半天，都不见他回应。我担心他腿脚不好，可千万别在里面滑倒了，就一边喊着问他在里面的情况，一边敲门，可都不见里面有反应，于是我轻轻推开了浴室的门，我被眼前所见的景像惊呆了。我看见此时的爷爷，像一棵干枯的毫无生气的老树干，整个身体枯瘦成了皮包骨，完全脱相不成了样子。浴室中间坐着的他，缩成了小小的一团，正在努力地想抬起手搓后背，可远远够不到自己的背了……那一刻我真的好心疼爷爷。我明白了人老了那种深深的可怜，是有着太多无奈，也是根本发不出任何声音的。我看见爷爷如此衰老的身体，仿佛眼前这个人根本就不是我曾经的爷爷。那个印象中高高大大、精力充沛的爷爷，现在竟然变得衰微得好像要消失了。时间真的无情啊！我强忍着眼泪，走到了爷爷身后，接过他手中的搓澡巾，想帮他搓后背。爷爷开始还是不愿意我帮他，我就哄着他说："爷爷，你不要有心理负担，没事的，我小时候不都是你帮我洗澡搓澡的吗，现在也让我帮你搓搓后背吧，要不你自己够不着，没洗干净，多难受呀。再说，你一个人在这浴室里坐的时间长了，也会缺氧的，早点洗完，你也能早点出去休息。"爷爷想了想终于听进去了。

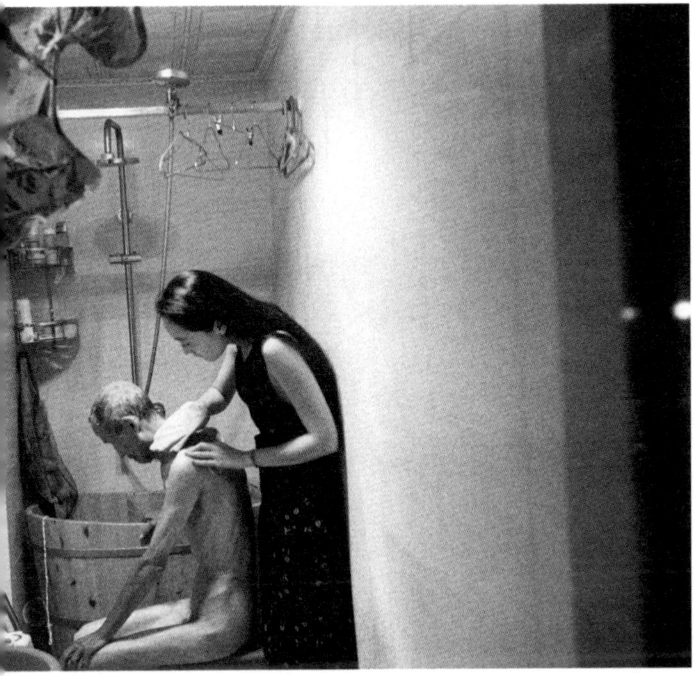

这一刻对我的冲击如此强大，我要用相机把这一刻的感受留下来，记住。我就用放在浴室门外三脚架上的相机拍下了这一幕。

帮爷爷搓完澡后，他说觉得很舒服，好久都没这么干净地洗一次澡了，也不像平时那么累。我告诉爷爷，以后我还会帮他搓澡。看着爷爷轻松又舒服的样子，我心里很高兴。我觉得自己能够多为爷爷做点什么，内心的安稳和喜悦是难以表达的。有些事情做了真的就和不做是不一样的，内心会很踏实，想起来也觉得自己做到了，不会在未来留下太多的遗憾和后悔。

## 4. 大病床前有孙女

2015年元宵节那天，爷爷忽然咳血住进了医院。我当时正在部队，得知情况后马上请假赶到了抚顺矿务局医院。爷爷时不时吐上一大口血，很吓人。他不希望我向部队请假，让我回去。我告诉爷爷，等他危险期过去了，我才能安心地归队。经过一整天的检查后，医生说化验结果出来之前，晚上必须有个人时刻看护。姑姑晚上要带两个外孙，走不开，爸爸的身体一直不好，是不能够熬夜的，我们家里人口本来就不多，这么一来晚上照顾爷爷的重任就落到我一个人身上了。我倒是觉得，终于也能为家里分担一些责任了。

爷爷一会儿能睡上一小觉，一会儿就要咳出口血，整晚咳出的血纸，都快装满大半个垃圾袋了。整个晚上我都不敢睡，爷爷倒是没有太多心理负担，没事人一样还安慰我说，不用担心他。

第二天一早，妈妈赶到医院，陪我一起带着爷爷做检查。化验结果出来了，爷爷得的是肺结核，前期咳血的时候是会传染的，需要马上转院，去专治结核病的医院。这个病是需要注意隔离的，之前我们谁也不知道，也都没戴口罩预防。爷爷一听急了，怕我昨天一直和他近距离在一起，会跟着传染上，让妈妈赶快带我走。不过医生说："年轻人，身体好的一般抵抗力也好，只要注意点，问题不大。"整个一上午，全家人都忙着给爷爷办理转

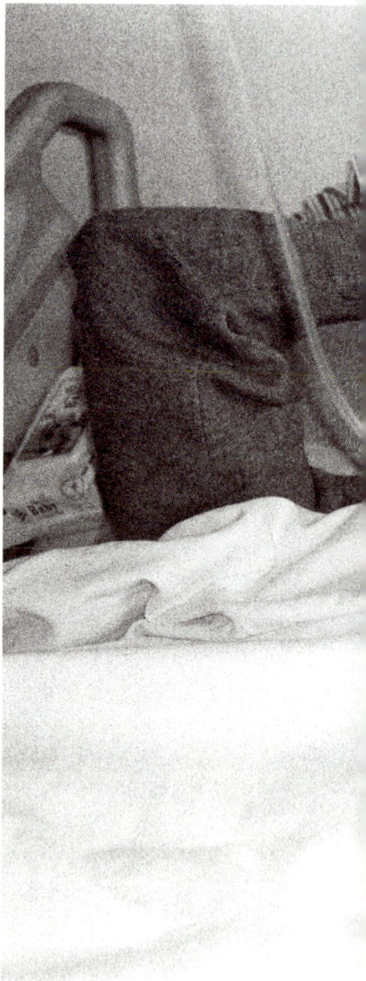

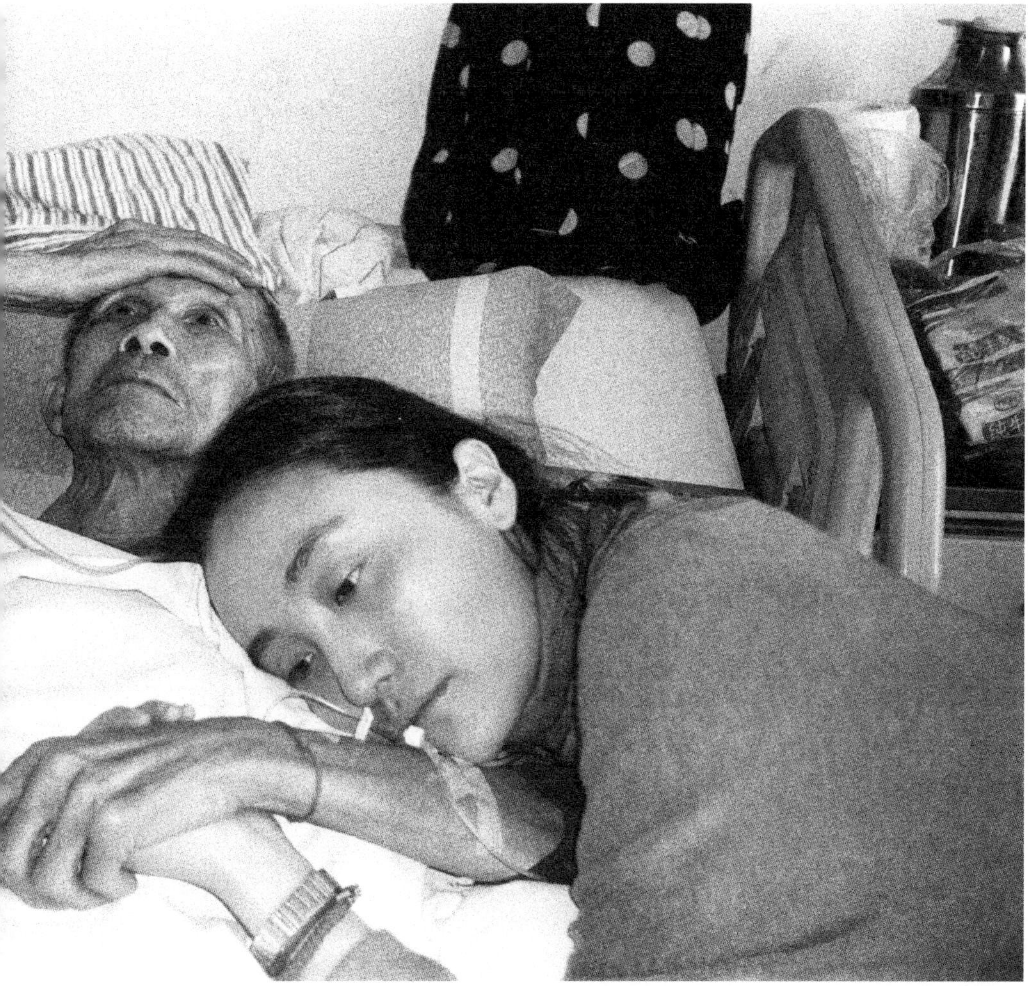

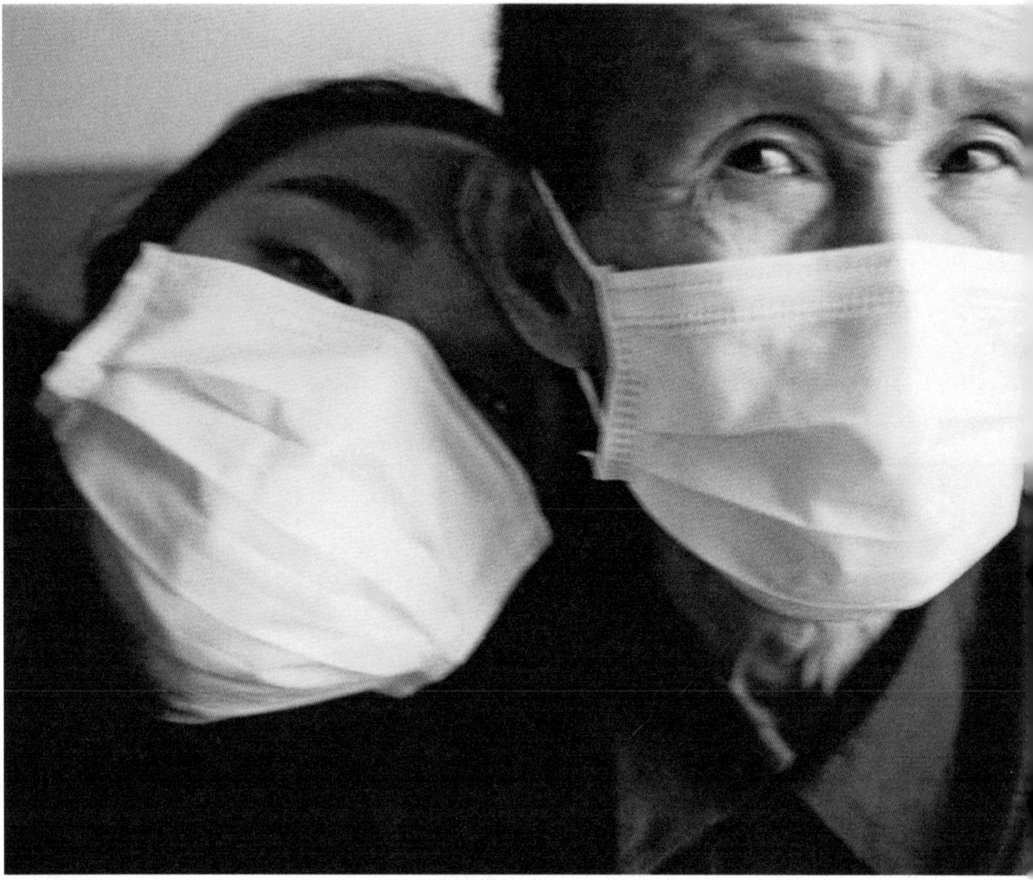

院。爸爸买了好多一次性口罩，让我们戴上。

到了新医院，里面全住着得了肺结核的病人，每个病房都是单独隔离的。医院在城郊，很破旧，灰突突的病房，看得人心里不是很舒服。这让平时遇到什么事都很轻松的爷爷，也变得紧张起来，让爸爸和姑姑赶快回家，怕姑姑把病菌带给家里的孩子，怕爸爸身体抵抗力差被感染。爷爷自然也不想我留下来的，可我实在是不放心。终于在姑姑和爸爸还有医生的劝解下，爷爷同意我留在医院陪护他。

医生说咳血的原因是肺上裂了一个小口子，这次幸亏发现及时，住几天院，打几天吊瓶消消炎症，应该就没事了。但是医生严重告诫我们，今后爷爷不能再抽烟了，这病跟常年抽烟有很大的关系，必须戒了。

在新转来的医院，我们住了三天。我几乎24小时都需要戴着口罩。爷爷除了打吊瓶，也没什么别的事做，我就拿着手机，调出几个电影给爷爷看，或者一起看看过去我们拍的照片。白天姑姑和爸爸给我们送饭来，也能陪爷爷多说说话。我们都劝他把烟戒了，他就笑笑，像个小孩儿一样想敷衍过去，自己还说：“好了都一样,医生就是那么说说，吓唬人呗。”姑姑和爸爸回去后，我看着爷爷有点闷闷不乐，想转移一下他的注意力，和爷爷拍起了照片，拍下了我们共同戴着口罩的合影。口罩虽然把我们的脸遮住了，可是通过我们的眼睛，能看见在拍照片那一刻的放松和亲密。我希望我的宝宝爷爷能快点好起来，这样我们就可以早点回家看电视了。

也是从这次住院之后，爷爷的身体开始变得更差了。这年7月，爷爷还因为脑血栓住进了医院。爷爷后来会摔跤，行动迟缓，都是因为脑血栓造成的。得了脑血栓之后，每到春秋换季的时候，爷爷就要去医院住几天，打几天吊瓶才能缓解一下。

随着身体的问题越来越多，原来不太听医生话的爷爷，也开始听劝了。烟戒了一段，可没过多久又捡起来抽了，几十年的老烟民，很难一下子戒掉。我们就监督爷爷，告诉他烟可以抽，但是必须少抽，抽几口熄灭了，解解馋就行了。这样一天下来，爷爷最多也就抽两根烟了。

Ⅰ Ⅱ Ⅲ Ⅳ Ⅴ Ⅵ Ⅶ

# 七

# 离 别

① ② ③ ④ ⑤ ⑥ ⑦

## 1. 意外的平静

2016年4月的一天，爷爷已经衰老得不能走远路了，我们就在家后院散步。看着就要下山的夕阳，想着这一天马上就过去了，好

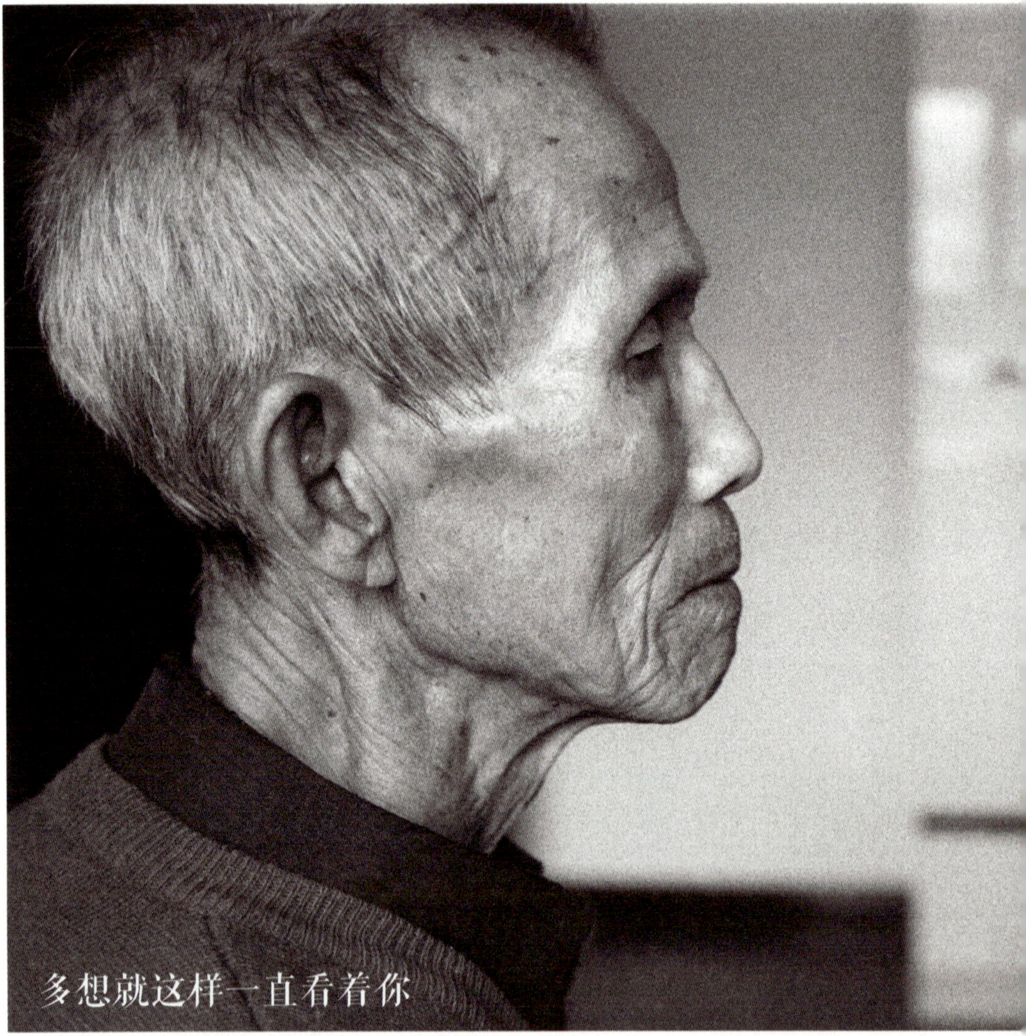

像人的一生，匆匆划过，不留下一点痕迹,心里就想和爷爷在这夕阳的树影下拍一张合影。我说：“爷爷我们拍一张照片吧，证明这一天咱俩好像也没有白过。”爷爷笑了笑说：“好呀。”

我把相机位置固定好，并按下了自拍的十秒定时。随着倒计时一秒一秒地划过，不知怎么了，站在爷爷身后的我，忽然郑重地问：“爷爷，如果有一天我要离开你了,你会怎么样？”

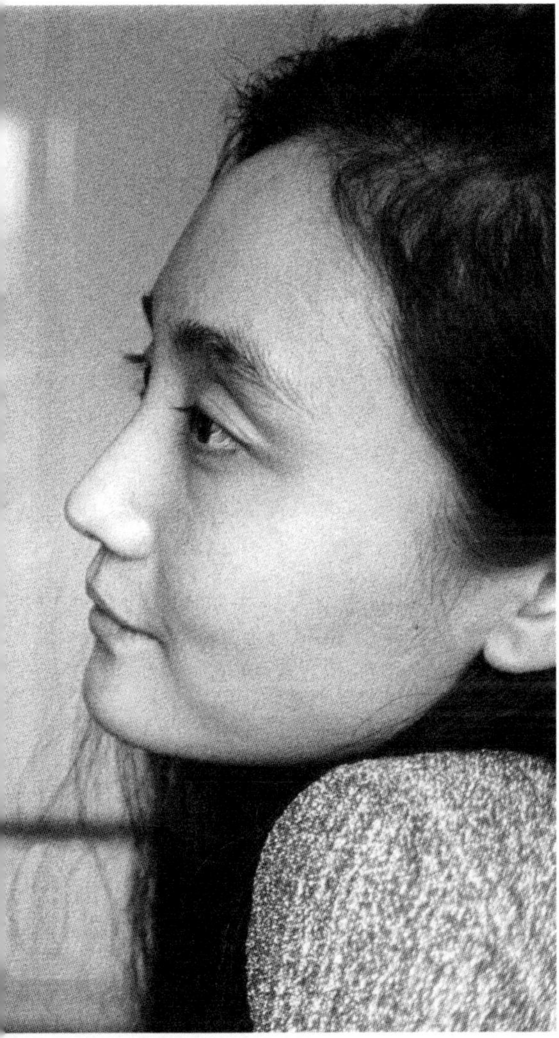

爷爷没有马上回答，只是静静地看着镜头。我当时站在爷爷身后，并没有看见他的表情，快门就在那一瞬间按下了。

我把胶卷冲洗出来后，看到了爷爷的脸，我想起拍照片的那一刻，鬼使神差问爷爷的话。照片里，爷爷把对问话的答案，都写在他饱经风霜的脸上了。那是一种深深的不舍，和一种不得不说的告别吧。在爷爷的眼睛里，我看到了点点闪耀着的泪光。爷爷的眼睛里有着他想对我说的全部。

这张照片，好像在给我传递着某种预兆……

之后的日子，我每次回到爷爷身边，都觉得能和他在一起的每

爷爷，如果有一天我要离开你了，
你会怎么样？
这张照片，好像在给我传递着某种
预兆……

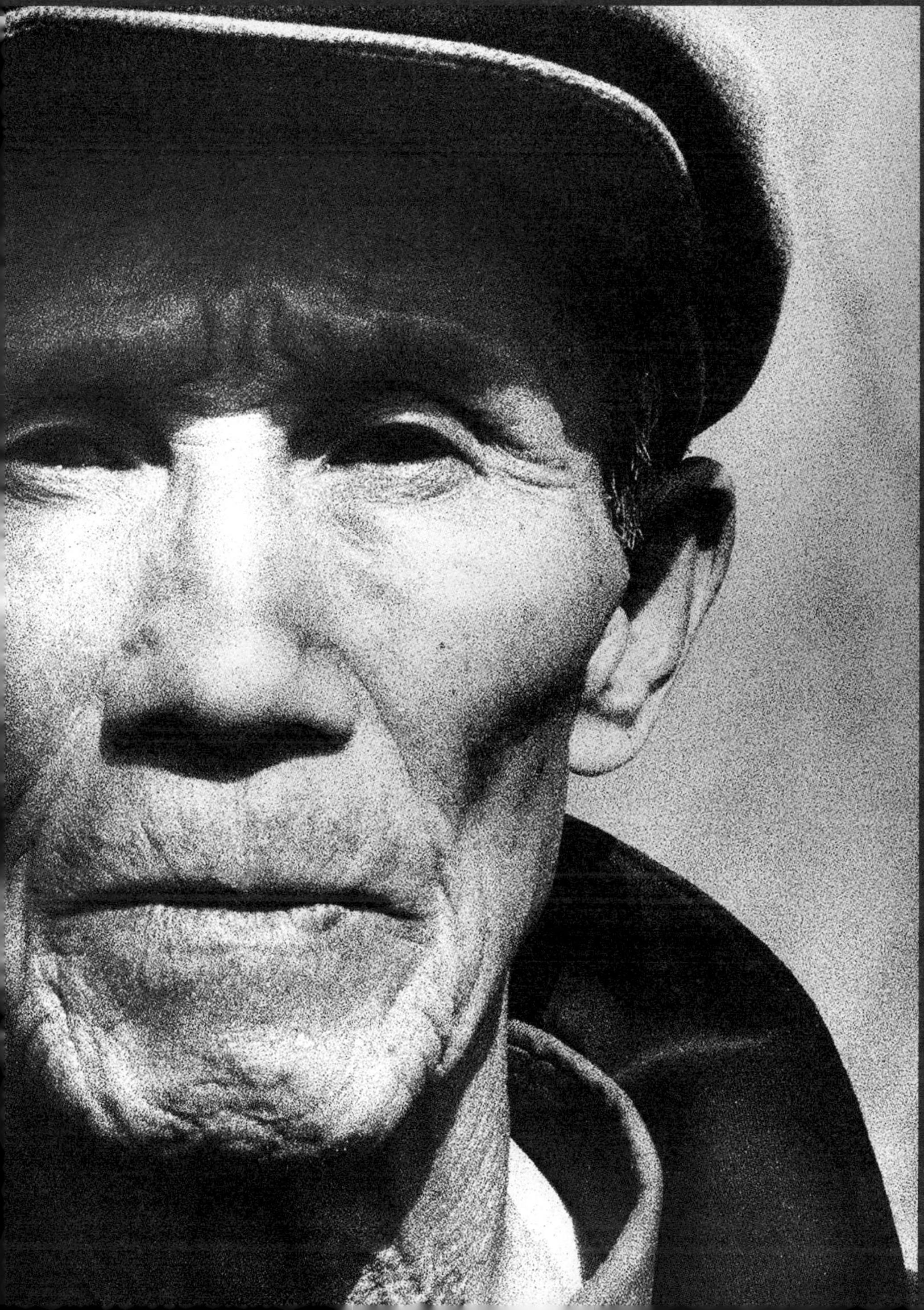

分每秒都那么珍贵，我看爷爷的每一眼，都想把他的样子深深刻记在心里。

那段时间，爷爷的身体每况愈下，说不出有什么大毛病，就是没力气，浑身的关节痛，整天昏昏欲睡的，吃东西也更差了，吃不下几口就放下，人也就更瘦了。平时穿着衣服还看不出来什么，脱下了衣服给关节擦药时，能看见整个人像极了一根枯瘦的树干。

可我好像什么都做不了，只剩下一种深深的无力感。我知道爷爷是快要离开我了吧，但我们都不知道那一天到底什么时候会降临。我能做的，就只有默默陪在他身边，别让自己和他留下太多遗憾。

2016年对于我来说是艰难的一年。在这一年中，部队文工团全面裁员，面临解散。是部队让我在最美好的芳华岁月里光荣绽放，我也把自己15年的青春年华奉献给了培养和教育我的部队。现在这段历史渐渐走到了终点。

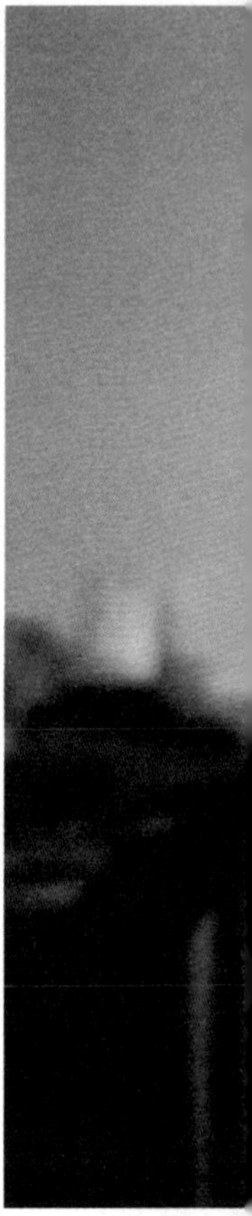

在签下部队转业的合同书后，我回到家里，等待组织的安排。看着曾经被我穿在身上的那套“披星戴月”的军装，涌出深深的留恋。人生中总有太多的告别。

在等待分配工作那段日子，我终于有了大段的时间陪在爷爷身边。每天早晨，我出门去买他爱吃的豆腐脑和小豆饭。我们一起散步，聊天。爷爷总是关心我未来转业会被安排在哪。我怕他担心，总是轻松加愉快地说：“放心吧，部队会把我们安排好的。”

其实我的心也是悬着的。我在部队里待了整整15年，没有真正面对过社会，对未知的一切，忐忑不安。可看着已经82岁的爷爷，怎么还能再把这种心情告诉他，让他和我一起分担呢。

往后的一段日子，过得意外的平静。爷爷变得很安静，大多数的时候，他就坐在家里抽着烟。爷爷几次要我把他床底下珍藏的、

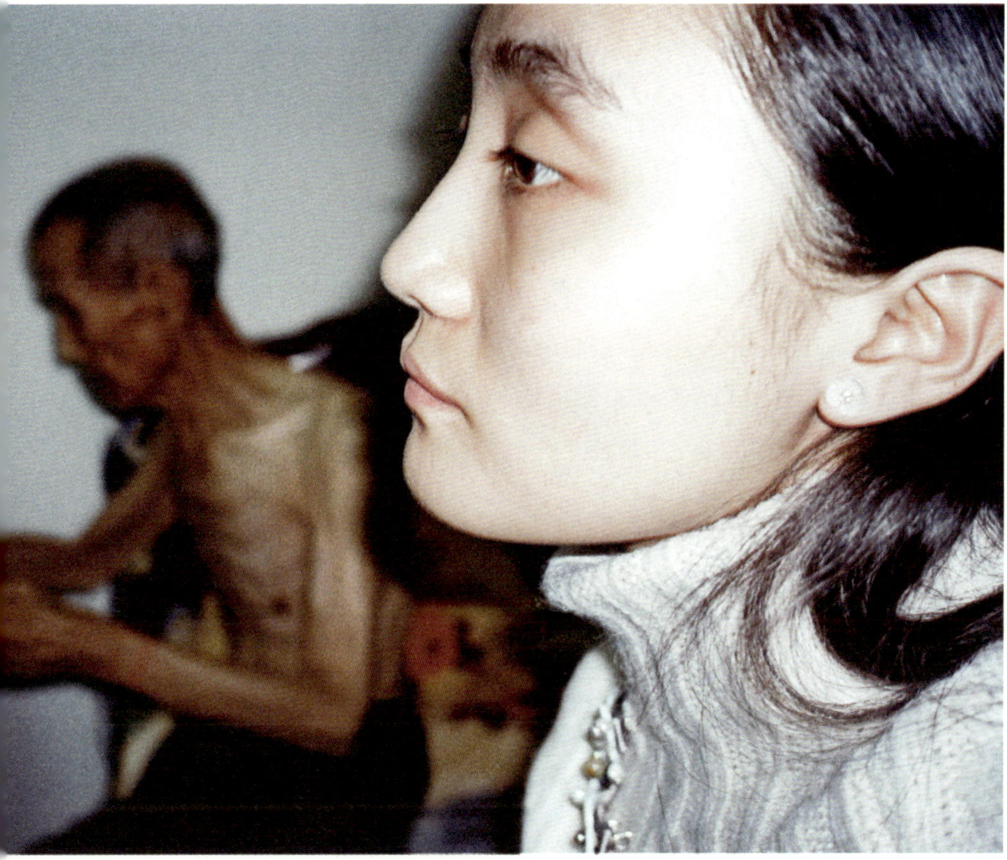

和有关我的东西拿走，有我的出生牌，家里的老戒指，还有爷爷给我存的钱……他说岁数大了，怕是保管不了了。我就转移着话题说："还是放你这安全，我一天东落西落的，让我拿走，早晚会被我弄丢的。"爷爷也不吭声，默默抽着烟。他好像知道些什么，又不能告诉我。姑姑来家里时，爷爷也让她把家里存的好酒都带走。姑姑说："没事我拿它干嘛，您该喝就喝，别总舍不得。快过年了，这酒过年的时候就打开喝了。"

一天中午，我回到爷爷家，看见他正在睡午觉。那天的阳光特别好，床上照得整片都是阳光，空气中漂着灰尘的浮沫，从眼前散过，温暖又安静，时间都像停止了一样。我有好久好久，都没躺在爷爷身边了，小时候的我就是睡在爷爷身边，一点一点长大的，这一刻，我好怀念小时候啊，我躺回到爷爷身边，阳光穿过窗户，照在我们身上。

这时候爷爷醒了："是勐尧回来了。"我说："爷爷我俩拍张照片吧。我想起了小时候，在老家房子里，你哄我睡觉的日子。"爷爷说："好啊，我们拍一张。"我拿起立在床边的三脚架，把相机支在床上，和爷爷拍下了这张照片。

我躺在爷爷身边，感受到爷爷微弱地呼吸着。他瘦瘦的身体仿佛只剩下薄薄的一层，就快被时光消耗尽了。我靠在他的臂弯上，但不敢真的躺下去，怕压到他。爷爷轻轻地拉着我的手，眼睛好像看着一个很远的地方。

这是属于我和爷爷最后一次正式的合影，拍完这张照片后没多久，爷爷就住进了医院，再也没能回到家里。

## 2. 最后一个春节

每年过春节，我会在大年三十这天，亲手把红绳系在爷爷手上，祝愿他身体健健康康的。今年也不例外，我为家人早早就把红绳请好，大年三十中午，我从妈妈家赶回来，给爷爷系上了红绳。我像往年一样，给爷爷准备了红包，“压压岁”，并郑重地给爷爷磕了三个头，感谢他的养育之恩。

爸爸也早早来到爷爷家，准备着过年的饭菜。我们三个人过年，难免有些冷清。对于爸爸，我也是在这几年长大以后，才慢慢有了更多的理解，体谅到他的不容易。爸爸特别不善言谈，内心的情感不容易表达出来。爷爷和爸爸的感情，我也说不好，他们相互挂念，可就是不能总待在一起。可能是因为他们的性格太像了，都是倔强脾气，有时候两人没说几句话就开始犟起来。还好有个我，能在他俩中间传个话，告诉他们彼此对对方的惦记。我也庆幸自己不是个男孩儿，不然也一定会遗传了老石家的犟脾气。

吃饭的时候，我不断举杯。已经好久没动白酒的爷爷，也破例喝了一些。快到年夜的时候，我和爸爸一起给爷爷包了饺子。

大年初二晚上，我提议爸爸来爷爷家，仨人一起吃顿火锅，热乎乎的。本来爷爷说没什么胃口的，但那天他吃了不少，还喝了酒，心情也格外的好。后来爸爸要自己先回家煎药了，我就留在爷爷家里，陪着他看电视。电视里播的是全国各地过年的风俗，讲到东北“杀猪菜”时，很久不爱聊天的爷爷，像打开了话匣子一样，给我讲他小时候在老家铁岭农村过年时见过的杀猪场景。那天我本来想留在爷爷家住，和他多待一待，但爷爷让我回爸爸家，说不放心爸爸一个人，怕他自己没意思。

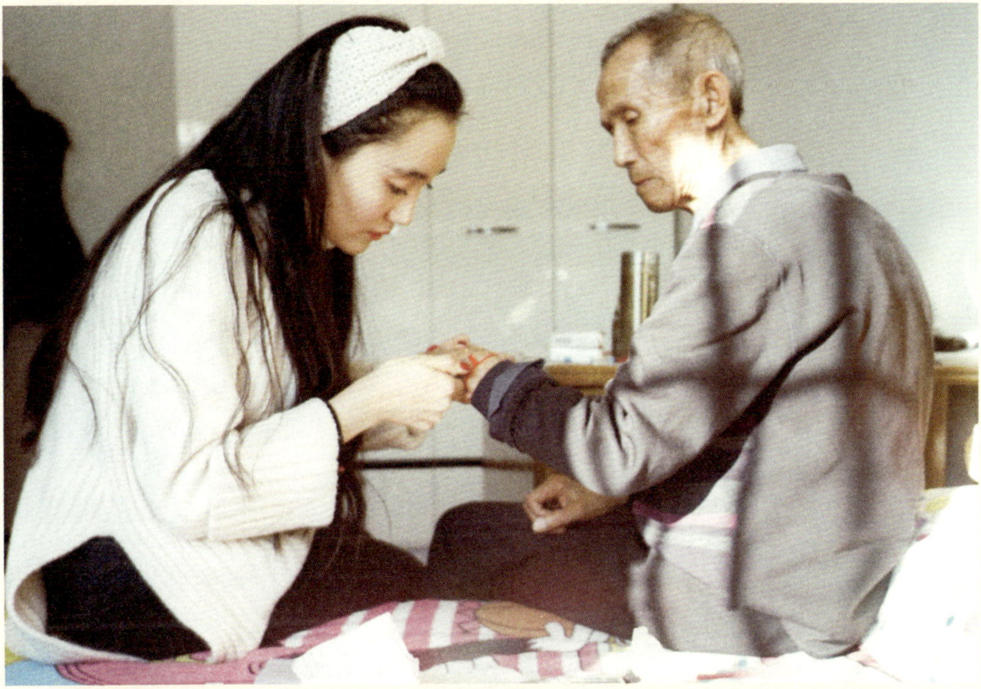

## 3. 临别之夜

初六那天早晨，我接到爸爸的电话，说爷爷头天晚上忽然大小便失禁，住进医院了。我赶到病房时，爷爷正在输液。他看起来还轻松，和姑姑闲聊着，说没什么大事，可能还是和脑血栓有关系，住几天院打打吊瓶就会好的。我们开始也都是这样以为的，过去爷爷几次住院，也都没什么大碍。

爷爷的邻床，有一位患者家里带来一个小女孩，穿着一身红纱裙，在病床边跑来跑去的，很可爱。有时候我在看书，那个小女孩会好奇地过来，依偎在我腿边和我一起看。爷爷一直在看着我俩，脸上微笑着，眼睛里流露出慈爱的光。爷爷是不是想起了我小时候的样子了，或者此时的我，在爷爷的眼中已经变成了未来正带着女儿一起看书的妈妈了。我想，爷爷始终都没能见到我结婚生子，这可能是他最大的遗憾了。

大年初七，我和姑姑一起带着爷爷去做各项检查。做磁共振的时候，医生看爷爷年龄大了，让我跟着一起进去。做检查的过程中，爷爷一直在动，他好像特别害怕这个嗡嗡响的机器。医生说：这不行呀，老人家动得太厉害了，拍不了这个片子。

出来之后，爷爷一直说，他不想再做任何检查了，他要回家！爷爷变得很反常，我们开始都以为他是在闹小孩儿脾气，没过多一会儿，他就开始发高烧。烧得迷糊时，反复对我说，他想回家，想看电视，一会儿又说想抽烟，手还比划着抽烟的动作。我只能一直抱着爷爷安慰他。

第二天一早，烧终于退了。爷爷说想吃小豆饭，我们打听医院附近的饭店都没有卖的，姑姑就让我先回家缓一缓，睡一觉，晚上过来时，在家蒸好小豆饭带过来。回到妈妈家，我倒头就睡着了，再醒来的时候，已经是下午4点多了，我赶快蒸好小豆饭。5点多的时候，我接到姑姑的电话，让我赶快回医院，说爷爷怕是要不行了！

我赶到重症监护室时，看到此时的爷爷，脸上贴着长长的两条医用胶带，从嘴边一直拉到近耳旁。爷爷的嘴一直要大张着，一条呼吸管，从嘴一直插进气管里。他全身不能动，急促地呼吸着。我看见爷爷骨瘦嶙峋的胸前，布满了连接各种仪器的电线。这怎么跟我上午看见的爷爷完全变了一个模样了！姑姑说，爷爷下午吃了一口东西，一下子就呛到了，差一点就没有了心跳，经过抢救才脱离危险。

我内疚地哭了，戴上了呼吸器就不能吃东西了，爷爷还没吃上新蒸的小豆饭呢。为什么我要离开医院，离开爷爷呢，如果我一直在他身边，可能就不会发生这样的意外了。

之后的整个晚上，姑姑、爸爸和我都守在爷爷身边，轮流照顾他。医生说爷爷刚脱离危险，不能吃任何东西，也不能喝水，一定要看好这些仪器，时刻掌握他身体的状况。呼吸管占据了爷爷整个口腔，他只能一直张着嘴，看起来很难受。爷爷一直在和我比划着，想把这个插进他喉咙里的管子拔出来，有几次他都要自己动手了，我们一次一次地阻止他。我劝爷爷说：“知道你戴着它难受，但医生说，你现在才脱离危险，怕有闪失，要戴着观察一夜才行。”爷爷这才微微地点点头，他的意识一直很清楚。重症室里住满了病危的老人，回响着各种仪器发出的声音，爷爷的眼睛来回打量着周围的一切，好像对这个陌生压抑的空间感到害怕。我握着他的手，抚摸着他的额头，和他聊着天，安慰他。爸爸和姑姑一直给爷爷揉腿、搓脚，让脚下有温度，这也让爷爷慢慢放松下来。

晚上是姑姑和我陪床。我看姑姑折腾一天了，让她先去睡一会儿。病房里的人们纷纷睡下了，我问爷爷要不要也睡一会儿，他不肯闭上眼睛。我想起小时候我睡不着时，爷爷会用他的大手捂住我的眼睛说："闭目养神，闭目养神。"我这时也用手挡住爷爷头顶的灯光："爷爷，闭目养神，咱们眯一会儿。"等我慢慢将手拿开，发现爷爷还是不肯闭起眼睛，依然来回打量着周围。这个时候，爷爷将他的目光，全部聚集在了我身上。他一面很努力地一口接一口急促地喘息着，一面看着我的眼睛，好像有话要对我说。我问爷爷，是不是有不舒服的地方，他轻轻摇着头，目光却一直没从我身上离开过。此时整个病房都安静了，我能听见测量爷爷心率的仪器发出的滴滴声，那是爷爷心跳的声音。他的眼睛里充满了想要对我说的话，充满了好多的不舍，充满了对我所有的不放心。那一刻，虽然我们没有办法说话，可爷爷眼睛里的一切，我仿佛都能读懂。爷爷用他的目光对我说："爷爷要走了，你要好好的，你要好好的……"我看见爷爷的眼角，慢慢滑落下的泪滴，一颗接着一颗。爷爷哭了，我也哭了。我知道我们就快要分别了。在那一刻，我只想留住爷爷。我为他擦去眼角的泪滴，轻轻抚摸着他的额头说："爷爷别怕，爷爷别怕，我答应你，我一定会好好的。"

后来我才明白，爷爷临走前的那个晚上一直都不肯闭上眼睛，一直不肯睡的原因。他知道他自己快要不行了，一直都在坚持着，想要多看看这个世界，多看看我，为我们多争取一些还能够在一起的时间。

爷爷走的那天上午，医生下了病危通知。家里能来的亲属都赶来了，包括铁岭老家的亲戚们。在拔下呼吸管之后，爷爷的病情好像忽然有了好转。虽然刚摘下呼吸管，说话很吃力，但他谁都认得，很清醒地和来探望他的每一个人打着招呼，连医生都觉得不可思议。这让我们紧张的心情忽然放松了下来，都觉得爷爷这是脱险了。危难时刻，人们总是相信他们乐于相信的。后来我才知道，这就是人们常说的“回光返照”。

照看了一整夜，我被替换下来。临走前，我来到床前对爷爷说：“我回去洗个澡，睡一会儿，晚上我再来陪着你好吗？”爷爷用很微弱的声音说：“你回你妈妈家里吗？去吧……”

当我再次回到病房时，爷爷已经完全失去了意识，只剩下一丝微弱的呼吸了。我虽然一直在流眼泪，但内心又很平静。我知道爷爷在这一刻一定会很害怕，也一定会很孤独，他就要一个人去往一个完全陌生和未知的世界了，这一刻他一定非常需要我们。我要坚强地陪着他走完人生的最后一段路。我在爷爷的枕边，轻声对他

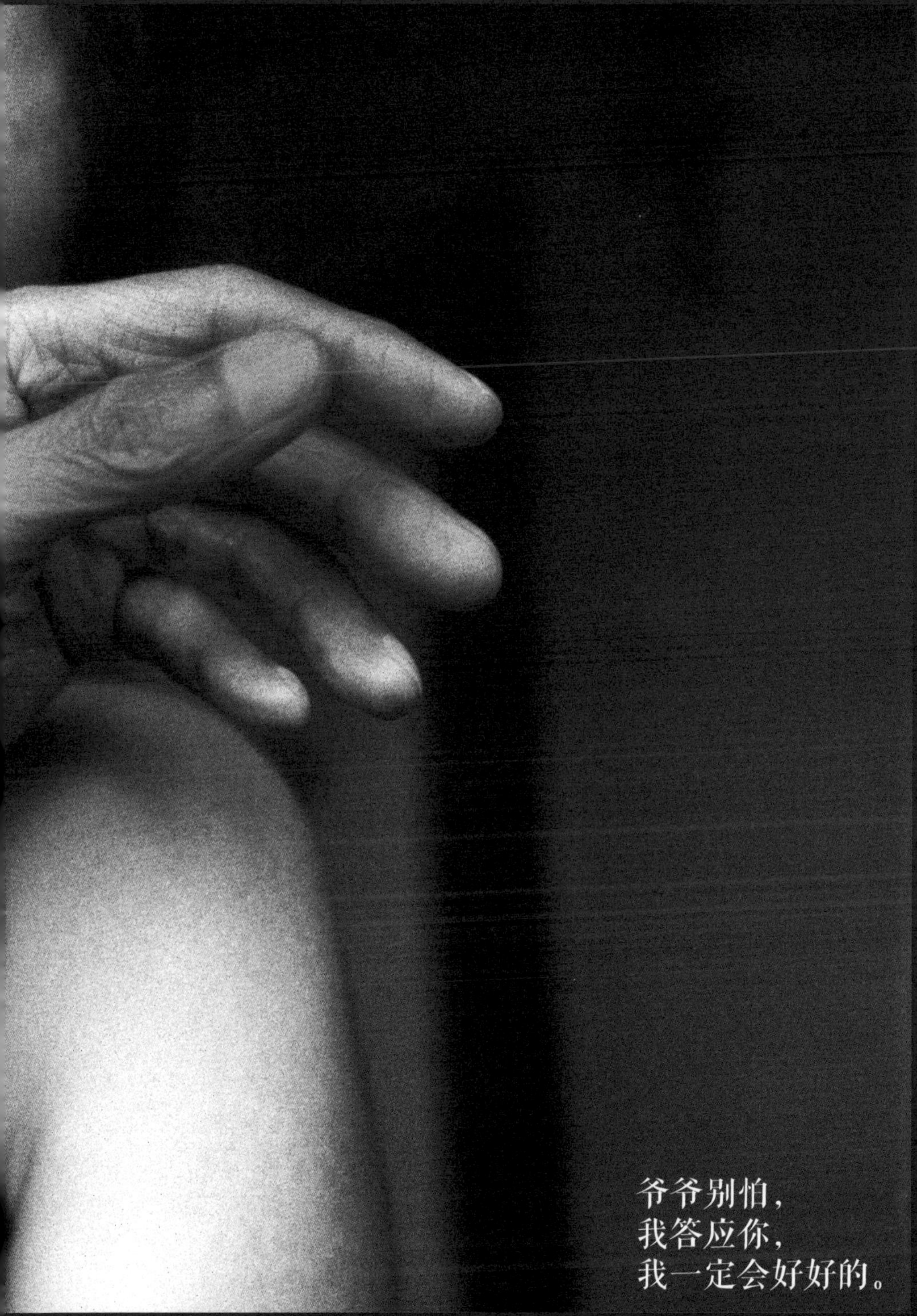
爷爷别怕，
我答应你，
我一定会好好的。

说："爷爷别怕，爷爷别怕，我一直都在，我一直都在，陪着你，陪着你。"

医生反复检查爷爷的体征和瞳孔后，告诉我们："其实老人家早就已经不行了，身体的器官已经完全衰竭了，但一直还在坚持着，应该是有什么事情放心不下吧。"听完医生的话，所有人都迸发出哭声。姑姑在爷爷耳边说："爸，你是不是放心不下勐尧？是不是放心不下石磊啊？都有我呢，我都管，你放心走吧，别担心了。勐尧分配在公安局了，她的个人问题，我们会帮着她找一个好人家的，你放心地走吧。"姑姑和爷爷说完这些话没多久后，爷爷的呼吸器就停止了。我看见爷爷的脸庞很平静，很安详。

医生宣布了爷爷的死亡时间是2017年正月初九晚上9：14分，临走对我们说，老人家真好啊，让你们安心过完了年。

## 4. 遗物

我们在漆黑的夜里将爷爷的遗体送到了抚顺的火化场，一路上一家人谁都没有开口说过话。按

● 爷爷的骨灰最后送回了铁岭老家，和太爷、太奶还有奶奶葬在一起。在老家有个风俗，老人合葬的时候，遗像是要烧掉的。烧爷爷照片的那一刻对我来说是非常难受的，那不是一张照片，而是我最亲爱的人。我留下了我们最后的一张合影。

照老家的风俗，遗体要存放三天。

回到家里，我一直都睡不着，脑海里浮现的全是爷爷曾经照顾我的画面,点点滴滴，一幕一幕：“勐尧，这是爷爷给你发明的新菜，你快尝尝！”“勐尧，下地要穿拖鞋啊，别着凉！”“勐尧，爷爷希望你能调整好心态，勇敢地迎接未来的每一天！”……这些点滴的回忆，如同泉涌。我不能相信，爷爷已经真的离开我了。

第二天一早，姑姑来到家里同爸爸和我商量操办后事。在整理爷爷的遗物时发现了他留下的几张银行存单，都是一万元一张的。爷爷平日省吃俭用，除去生活必需的费用，把不多的工资都攒起来，凑够了一万元，就去银行立个死期的存单，一点一点地攒出了眼前近9万元的存款。我们看着这些存单，都哭了。我从没见过爸爸哭的样子，这是第一次。他哭得像小孩子一样，一遍一遍重复地说着：“他存这些钱干什么呀!”

姑姑在爷爷的遗物中翻出了一个稍微大一些的红包，红包上有我写给爷爷的新年寄语。姑姑问我：“这是你给爷爷的钱吗？”我当时一懵，记不起是什么时候的事了，接过来一看，才想起那是两年前我刚补发了工资之后，给爷爷包的4000元的压岁红包。我拆开红包后，发现里面的钱原封没动……我感觉心口一紧。他为我们付出了一生，而我们能够回报他的总是太少，和老人对我们的爱相比，怎么也是不够的。

三天后，是爷爷的遗体告别仪式。东北冬天的清晨，灰暗寒冷。这一天，将要和爷爷真正说永别了。我的心接受不了这个现实，我站在家门口，迟迟也迈不动脚……忽然间，我看见爷爷家方向的天空上，出现了一片像火烧云一样的绚烂云彩。我想这一定是爷爷怕我伤心，不想让我难过，他知道我喜欢看天，喜欢看云，喜欢这么动人的景象，我想，这是爷爷送给我的最后礼物吧。

告别会后，我看着爷爷的遗体被推走，等再次出现在我面前时，已经化为白骨一堆了，一个生命就此彻底消逝陨灭了。

# 结语
## 给爷爷的一封信

爷爷，昨天和前天，我都在发高烧。夜里烧得骨节疼，自己走了好长时间的夜路去买退烧药，路上正好经过小时候上学前班时，你每天送我上下学走的小路。凌晨1点钟的街市安静极了，只剩下明晃晃的路灯，把这条过去你带我走过的路，照得通亮……过去的影像就一帧帧地出现在我眼前。瘦瘦的你，拉着小小的我，日复一日，不厌其烦地走在这条路上。一切仿佛如同昨日。

你走后，我经常会想起我们在一起时，你说过的话，你的每个样子，你担心的事……我都记起来了。

你走后，有好长时间，我又会尽量避免想起你，每次一想到，我就让记忆赶快滑过去。我让自己想，可能只是太久没有回家看你了。我好久都不敢拿起相机，好像忽然间不知道了拍照片的意义。

可当我看着过去我们一起拍的那些照片，你的脸就这样浮现在手机的屏幕上时，忽然间地我就泪流不止。我的爷爷走了，在这个世界上再也没有我最亲爱的爷爷了。我习惯性地抚摸屏幕上你的脸，仿佛还能感受到脸颊的温度，你并没有离开，只是换了一种方式存在着。我知道，如果有一天我也不存在了，你一定会在天上等着我。就像过去每一个平凡日子里，你站在学校门口等我放学的样子。

在你去世一年以后，我曾经梦见过你一次。梦里我们又回到了老家人民电影院的老房子里，你像每个夏天的晚上一样，坐在饭桌旁，只是变回年轻了，容光焕发，看不出衰老的痕迹，边喝着啤酒边对我说：小勐尧，你爸爸的身体怎么样了，家里都好吗，你找到喜欢的人了吗……你宠爱的目光里，满是笑容。

我知道，这个梦是你给我的嘱托，也是天下所有长辈对晚辈的期许。

亲爱的爷爷，谢谢你，如父亦母般把我带大，抚养成人。

亲爱的爷爷，谢谢你，给了我那么多美好的回忆，足够让我在今后的人生里，每每想起你，总觉得人生充满着阳光。

亲爱的爷爷，谢谢你，让我在困难中懂得坚强，在逆旅中保持善良，让我懂得即使再微小的光芒，也能照耀周围需要的地方。

我知道你的爱一定会在一个遥远的地方，继续守护着我。

亲爱的爷爷，我答应你，一定会照顾好爸爸、妈妈，照顾好这个家，也照顾好自己，让你不再有任何牵挂。

亲爱的爷爷，我答应，一定会带着你给予我的爱，迎接生活的每一天。

# 爷爷爱听的歌《那些花儿》，我唱给他听了

那片笑声让我想起，
我的那些花儿，
在我生命每个角落，
静静为我开着。
我曾以为我会永远，
守在他身旁，
今天我们已经离去，
在人海茫茫。
他们都老了吧，
他们在哪里呀，
我们就这样，
各自奔天涯。
啦……想他，
啦……他还在开吗，
啦……去呀，
他们已经被风吹走，
散落在天涯
……

# 后记

在写这本书的时候，我一直都很难下笔。对我来说，这简直是一个不可能完成的任务。到现在为止，我都很难相信自己能够出书的事实。

写最后两章的时候，我感觉是最艰难的，几度提笔，又几度放下……我觉得，我和爷爷的感情，无论用怎样的言语，落在文字上，都显得那样的苍白无力。如今，当这本书真正完成了，我再读它的时候，它给予我的震撼和感动，不亚于面对我和爷爷的那些照片。假设照片是一副骨架，这本书就是它的血肉和灵魂。

我要感谢我的爸爸和妈妈，他们虽然分开了，但始终都没有放弃过我，给予了我更多更多的爱。谢谢我的家人和朋友们，一直以来都鼓励和支持我去做我热爱的事，没有他们就没有现在热爱生活和喜欢拍照片的我。我要特别感谢沈阳军影图像社的线云强社长，如果不是遇见了他，如果没有他的鼓励和引导，我不会有勇气把这些照片拿出来让更多的人看到。他是第一位给予我照片认可的人。

我要感谢中共党史出版社的吴江老师，是他让我能够以这样一种形式，把属于我和爷爷的故事记录下来。也是在吴江老师一次又一次的指导和鼓励下，我才有了信心和思路在泪水中艰难地完成这本书。这让原本只是想为爷爷做一本相册的我，变成了一本书的作者，对于我来说，简直就是一个奇迹。

感谢所有在爷爷去世后的那段艰难岁月里，在我身边给予过我关心安慰的人，是他们的陪伴，让我度过了人生最艰难的日子。北京的汤学平老师对我进行耐心的疏导和建议，陈袁园姐姐一直以来都默默地给予我力量。

最后要感谢我所在单位沈阳市公安局的领导和同事们。过去我是一名军人，保家卫国；现在我是一名警察，为人民服务。我很自豪！我刚刚步入社会，领导和同事们给予了我很多的关心和指导。同时也对这本书的出版也给予了支持。

千言万语，汇聚成一句感谢，感谢所有出现在我生命中的人，是你们教会我爱与勇气，没有你们就没有现在的我，我们都是彼此的一部分。

亲爱的爷爷，我知道，你真的变成了星星，你的爱会一直守护着我，照亮我未来要去往的任何地方。但愿久别还能重逢，但愿这一世的爱不会被时光冲淡。

2018年12月